U0053926

航空空勤與
機場運務實務
Airline Crew and
Ground Operations

徐端儀、王姍姍、范令怡◎著

序

　　這本書是以一個深入淺出的方式去表現，介紹航空公司的第一線服務人員，即一般人口中的空勤與地勤在做什麼？也讓對於想瞭解這個行業的讀者能一窺究竟。近幾年台灣的大學畢業生，對於航空業更是有其憧憬，紛紛想投身於航空業，除了國籍各家航空公司外，更有外籍航空公司持續來台招募，如日本航空、國泰航空、新加坡航空、阿聯酋航空，都曾經來台招募甚至持續數年，陸籍航空公司更在兩岸直航後，欲借鏡台灣的經驗來提升其素質而頻頻向台灣人招募。對於想投身於這個行業的讀者，書中更是涵蓋如何報考國內外各大航空公司的空、地勤，分門別類將各家航空公司的相關資訊鉅細靡遺地公開。

　　航空公司一直以來，似乎代表的就是光鮮亮麗的空姐及空少，親切、漂亮、帥氣、身材高挑，更是空勤組員的代名詞。在飛行的途中有美麗的空服人員，親切地送上飲料、提供餐點服務或是販賣免稅品，就算是一杯果汁配上冷三明治，還是會讓人有種如沐春風般地愉悅。比起其他行業可以擁有較為優渥的薪水，似乎還有順便旅遊的附加價值，但是光鮮亮麗的背後有著不為人知的一面，嚴格的訓練及長期忍受時差帶來的職業病等等，能堅持下去的大有人在，約滿後退出此領域的人，更是不計其數。

　　航空公司的第一線同仁，除了機上的空勤人員外，還有機場的運務人員，一般人的概念稱為地勤人員，就是劃位、掛行李，拿個登機證就可以上機出國。曾經有一位受訓的新人，在一連串的專業訓練後告訴我，他回家告訴家人被分發的工作組別，父親的第一反應是「就是收收票什麼的工作嗎？」結果他上課時就發現，這份工作背後的專業範圍是不容小覷的。

　　現今的國際民航業已不是單純的運輸業，航空公司力圖塑造企業形象並強調安全，如何能在現今各家航空公司中提升競爭力，如何能在同類型航空公司與廉價航空的夾攻下仍保有一片天地呢？在考量成本價格變動小的情況下，「服務」可以獲得旅客的好感度而建立口碑，也成為了重要的一個環節。

　　再一次向這次協助三位筆者的親友們和提供精彩照片的惠兒致謝，謝謝你們無私、無償提供無論是實質還是精神上的幫助與鼓勵，我們無法一一點名致謝，但誠如航空業本身就是需要各單位配合才能完成的行業，我們一同完成了這本書，希望能藉由這本書讓一般讀者瞭解航空業第一線同仁們的甘苦，所有從事相關航空業同仁的服務熱忱，是值得喝采的。

徐端儀

2017年4月於台北

目 錄

序　i

Part 1　航空空勤實務　1　　　　　　　　　　徐端儀

一、三萬英尺高空的擺渡人　2

二、空服作業流程　9

三、LCC空中服務　20

四、機上餐飲知多少　27

五、航空餐飲美學　39

六、機上免稅品銷售　46

七、班表與薪資二三事　54

八、情緒勞務的代價　58

九、美學勞務──空姐「符號身體」與「角色擁抱」　67

十、休閒的自由與不自由　76

十一、前進與西進──Private Jet　83

✈ Part 2 機場運務實務　89　　　　　　王姍姍

一、國際民航簡介　90

二、航空站與運務簡介　104

三、出境班機作業　131

四、入境及轉機班機作業　160

五、特殊服務　179

✈ Part 3 報考與面試的準備　191　　　　　　范令怡

一、各家航空公司的Logo和中英文名稱介紹　192

二、各家航空公司報考條件、面試流程以及最新考題舉
　　例　197

三、各種新型面試型態的介紹以及必勝秘訣　239

四、報考航空公司的小tips　243

五、報考航空公司常見Q & A總整理　246

六、給想圓空姐夢同學的真心建議　250

七、現役空服員的成功心得分享　251

八、女性參加航空公司面試時的正確以及錯誤示範對照
　　圖片　260

九、各家航空公司報考條件表　263

Part 1

航空空勤實務

徐端儀

一、三萬英尺高空的擺渡人

二、空服作業流程

三、LCC空中服務

四、機上餐飲知多少

五、航空餐飲美學

六、機上免稅品銷售

七、班表與薪資二三事

八、情緒勞務的代價

九、美學勞務──空姐「符號身體」與「角色擁抱」

十、休閒的自由與不自由

十一、前進與西進──Private Jet

✈ 一、三萬英尺高空的擺渡人

日本航空輸送會因應奧林匹克運動會，已改善全線的服務，進而擴及內台定期航班、島內東西部定期航班的服務。

首先是改善便當，在各機場免費招待咖啡，在台北機場設置一名服務小姐等。服務小姐擔任地面勤務、熟悉服務工作後，將來可成為「空中小姐」，在道格拉斯大型飛機上為客人服務解悶。

錄取條件是二十歲上下、高女畢業、容貌端麗、體格強健的美女。如獲正式任用，除了待遇優厚，還提供就職津貼和汽車接送。

七月，第一高女畢業的要吉枝（十八歲）從四十名應徵者脫穎而出，成為台灣第一位「空中小姐」。

——竹中信子《日治台灣生活史——昭和篇》

這是日本統治台灣後期、皇民化時代留下的一段口述歷史，在那個距離現在至少有六、七十年，台灣鄉間多數還是打赤腳的年代，「空中小姐」這個職業不但待遇優厚，文中還提到咖啡、汽車、津貼……這些高級玩意，可見是多麼有優越感的工作啊！

(一)高資本密集、低邊際收益的航空業

過去，搭機出國對台灣人來說，可是件了不得的大事。一想到機上有洋酒美食、窗外白雲朵朵、還有空少空姐可看……都是平常少見，而且感覺很高級的事，光想就教人雀躍，大概很少有人記得，航空公司其實是以運輸，而不是服務起家的。

航海與航空同為跨國運輸，性質接近，淵源頗深。大航海始於十六、七世紀地理大發現，飛行則是萊特兄弟一百多年前的發明，進展到

空服員是社會新鮮人憧憬的工作

圖片來源：JAA官網

民航，又是更晚的事，時間相差好幾個世紀，所以航空處處沿用航海用語一點都不奇怪。

　　你不妨仔細想想，飛機駕駛員的制服，不管是正、副駕駛，幾乎都和船員非常相似，肩上也都掛著位階，不是嗎？

　　飛機駕駛員的英文為pilot，原來指的是海軍領航員，後來因為商用飛機至少要有兩人同駕，所以才有正、副駕駛之分，分別以captain、first officer來稱呼，還有，像德國就乾脆把航空器叫飛船，早期的泛美航空甚至以船鐘整點報時等等，我們所熟悉的「歡迎登機」一詞也來自航海，如此一來，像是男空服steward、女空服stewardess、客艙cabin、空中廚房galley……為什麼用這些少見的英文單字來命名，常常教人不明所以，如今一點就通了。

　　航空是典型的資本密集產業，前期需先投入巨額資金，主要用於購買航空器、維修、燃料與人支等方面。

近年來中資航空釋出不少職缺
圖片來源：倪惠兒提供

　　每架次的飛行成本是很龐大的，載客需超過一定人數，邊際成本才會變得很低，也就是說，實際載客如果未達標，很難賺到錢，甚至還得虧本。這也說明了為什麼每次愈接近出發日期，旅遊市場就會出現降價促銷，甚至低過成本，屢見不鮮，除了換取高載客率，還為了要保本啊！

　　資本密集的產業特性，使航空業的利潤率偏低。同時，載客率還受到許多無法預期的影響，像2001年美國911事件，緊接著2003年的美伊戰爭，以及後來SARS爆發，都直接影響載客率，重創航空業收益。國際油價波動更是緊緊牽動運營成本，在2007年到2008年階段，國際油價曾有一段飆高期，引發一陣裁員風潮，不過近幾年國際局勢穩定，油價持續回穩，航空業普遍都有獲利。

(二)空中服務的歷史沿革

　　最早國際民航並無空服配備，空服員的前身是護士，濫觴於30年代

美國航空公司，以維護飛安為主。

　　中華民國民用航空法定義之航空人員，共分六大類，包括駕駛、維修、簽派等，並無空服類別，任聘空服的法規依據，來自航空器飛航作業管理規則，其中所定義的「客艙組員」（cabin crew），是飛航期間於航空器內，從事與乘客有關之安全與服務，但不得從事飛航組員工作，依法受民航局督導管理。

　　機上服務主要分硬體與軟體，前者像是客艙設備、娛樂系統等等，後者與空服攸關較大，包括餐飲、免稅銷售……，肇於服務是在互動中傳遞，第一線服務人員的一舉一動，都在服務接觸之列，動輒左右服務品質。

　　服務業看似門檻低，消費者感受卻是主觀的，要做到精緻不僵化，個中奧妙多，加上服務本質有「無形性」，稍縱即逝，很難具體羅列。然而飛機不著地，機上服務有特殊性，因此必須制定標準作業流程，一般主要劃分安全與服務，訓練也以地面、機上實習為主。

2017 Kitty彩繪機客艙實景

　　空服職前訓練主要包括飛安（safety）、保安（security）與服務（service）類別。一般國籍航空在完成地訓與機上實習後，上線先以服務經濟艙為主，日後再參加進階課程，才能有資格服務商務、頭等艙別，但是也有像美籍航空公司，一開始就接受全艙等訓練，上線後服勤亦不分艙等，此舉有利派遣與調班。

　　近年來海峽對岸興起一種聯合招募新模式，以類似產學合作方式，與航空學校共同培訓客艙組員，主要是因為中國大陸航空事業發展迅速，需要短時間內培訓眾多空服，緩不濟急，某些航大的乘務學院應運而生。航空公司先以訂單方式提出需求，雙方共同參與面試，利用學校資源進行職前訓練，拉長培訓時間。台灣航空市場因為規模經濟不夠大，雖然也有航空科系，但是並無就業保障。

　　過去傳統航空服務以餐飲為要，服務訓練涵蓋餐點與酒類知識，包括酒名發音和許多高級服務技巧，這些都需要養成與歷練，才能展現嫻熟的專業。LCC的崛起，將服務導向轉為銷售，開闢另一個藍海市場，LCC的價值主張，是提供個性化的付費服務，對於空服專業的培訓，也將傳統航空講求的細緻，逐步簡化。

LCC客艙服務以銷售為重點，強調使用者付費

(三)史上罷工，冰山一角

　　根據國際航空運輸協會（International Air Transport Association, IATA）解釋，航空公司的服務內容，包括票務、訂位與運務等，但多數人第一個想到的是空中服務，與其他服務業一般，具有無形、易逝、異質等特質，但又兼具航空與運輸業特性，在安全、費用、技術層面影響很大，而且是跨國際的。

　　台灣空服始於日治時期，早期有入出境限制，能出國是很稀罕的，那時候考上空服，眾人稱羨。

　　自1987台灣天空開放，2008年兩岸直航，到觀光局統計2016年光是春節入出境人數就破百萬，台灣出入境人數屢創新高，搭機逐漸成為普及的交通工具。

　　天空開放之後，航空業釋出許多職缺，那時空服就算稱不上金飯碗，也算相當體面的行業之一，加上90年代台灣經濟狀況佳，航空業與空服員都跟著有一段美好光景，直到2008年金融風暴，燃油支出暴增，航空業被油價拖垮，財報見赤字，正當2010年日航宣布破產消息見報，台灣卻出現大陸航空在台招募空服的新聞：

中國南方航空來台徵才，預計招募30名空姐，這是南航第3度來台招考。南航去年來台招募時有上千人報考，錄取率不到1%。（自由時報，2010/1/27）

　　從前面這些敘述，大致可看出台灣空服的過往。的確，物換星移，二十年前的工時比現在少，平均薪資卻比較優渥；如今一方面縮減人力，另一方面又要求服務細緻，服勤更加瑣碎繁雜，過度被要求的身體與情緒勞務產出，對身心都是苛求，加上三通之後，要熬夜的紅眼航班更多，甚至成為常態，嚴重影響生活品質。種種原因之下，醸成了台灣

空服史上首次的罷工事件，光環不再，這場罷工是有理？無理？日後自有
定論，因為牽涉層面甚廣，畢竟很多因素不光是產業的問題，還包括台
灣整體競爭力衰退，物價上漲，實質薪水愈來愈薄，面對民眾消費意識覺
醒，甚至有點過頭的台灣鯛民文化，還有對岸崛起，兩岸經濟位階翻轉等
等，短短十數年間，大環境有超乎想像、猝不及防的改變。

　　2008年三通以來，兩岸往來頻繁，新航線陸續開闢，航班數、載客
率、旅客數屢創新高，緊接著廉航跟進，一時天際熱鬧滾滾，然而激烈的
市場競爭才開始未久，又因為政治因素，陸客來台人數急凍，部分仰賴陸
客的航線，無以為繼，像雲霄飛車一般的局勢，起伏不定，難掌握，卻又
牽動了未來。

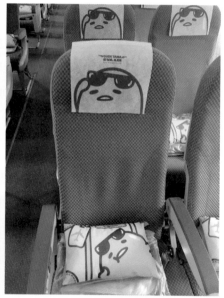

2017蛋黃哥彩繪機客艙實景

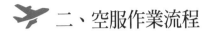 二、空服作業流程

(一)起飛前

◆機組員報到

要當一個空服員，守時非常重要。

班表是依派遣規定排班，必須在規定時間內，著全裝向公司報到。首先必須閱讀相關訊息，接著進入簡報室參加簡報。

簡報由當日服勤航班座艙長主持，大致順序由職務分派開始、身心狀況、布達消息、檢查服儀、有效證件、手冊、手電筒等等，然後進行最令人心驚膽跳的緊急逃生口試，若答題困難，可能就無法服勤，畢竟飛安絲毫馬虎不得，接著再進行各艙等服務簡報。

所謂機艙，主要劃分為駕駛（前）艙與客（後）艙，當客艙簡報差不多快結束時，會有前艙人員加入，並主導後半段的聯合簡報，這時，機長會告知預定飛行路線、航路天氣概況、飛行時間、航空器狀況及飛安抽問等等，所有簡報的完成，歷時十五分鐘左右。

◆機組員登機

簡報完成後，全員搭巴士去機場，如果是國際航線，必須在起飛前一小時完成機場通關。

機組員登機後，先將私人物品安置妥當，接著開始地面準備工作，包括緊急逃生出口、各項裝備、系統功能、清潔、航安等檢查，每位組員都有負責區域，自己必須很清楚，才能在最短時間，針對所有細項，逐一進行確認檢查。

以緊急逃生裝備檢查為例，每一件都必須確認位置、數量、效期、

主要流程	內容	其他
機組員報到	機組員依規定報到	著全裝於規定時間報到
	閱讀航班資訊	起降機場、機組員名單、各艙等人數、特殊需求等
	參加簡報	任務分派、檢查服儀、身心狀況、最新公告、布達消息、有效證件、手冊、手電筒、緊急逃生口試、航路天氣狀況等
機組員登機	地面準備工作，包括緊急逃生出口、各項裝備、系統功能、清潔、航安等	就負責區域所有細項，逐一進行確認檢查
乘客登機	登機廣播、地面服務	緊急逃生出口解說、協助擺放行李，發放毛毯，核對特別餐與免稅品的預選，關照特殊旅客
	緊急逃生安全示範	
分發入境表格	依各國入境規定	
餐飲服務	依各艙等、餐型規定	餐飲服務時，女性空服員換穿圍裙隨時提供飲料
免稅品銷售	依航線不同裝載有別 銷售時機通常在餐後	若航班需交接，降落前保稅品歸位，上鎖
乘客離機	客艙安全與保安檢查	簡報
機組員離機		機場行進，服裝與配備都要符合規定

起飛前：機組員報到／機組員登機／乘客登機

飛行中：分發入境表格／餐飲服務／免稅品銷售

降落後：乘客離機／機組員離機

> 起飛前完成行安全檢查
> 空服員在座位上心中默念緊急逃生程序

> 預警或不預警亂流

> 降落前完成行安全檢查
> 空服員在座位上心中默念緊急逃生程序

圖一　空服作業流程圖

近年來航空招募幾乎全年無休，釋出不少職缺

功能等等，要熟練到不能有絲毫猶豫，才能在遇上狀況之時，正確操作使用，這也是為什麼要在登機前的簡報，進行口試的原因，因為先前機場通關完畢，表示已完成出境，如果座艙長到機上才發現該班組員無法服勤，雖說實際上飛機尚未起飛，人還在國境，但折返有出入境問題，十分不便。

此外，部分組員要負責餐飲、免稅品、酒水、侍應品等點收，非常繁複瑣碎，需要一顆清晰的腦袋，像高等艙廚房的東西非常多，空間卻很小，什麼東西放哪裡？有多少？都要相當清楚，否則一旦起飛，缺了什麼，都要自己想辦法，變得出來還好，變不出來，不只自己倒楣，還要連累別人。

◆乘客登機

廣體客機載客較多，大約起飛前三十分鐘，就要開始陸續登機，通常先登機的是頭等艙、商務艙、金鑽卡以及航空聯盟等貴賓，接著是老弱

婦孺等需要特殊照料的乘客，然後才是一般旅客。

　　部分艙等會提供地面服務，像是飲料、拖鞋、毛巾等等，如果是經濟艙旅客，除長程航班會發放簡單盥洗用品，其他地面服務不多。

　　登機時，空服須先在服務區域就定位，依登機證指引乘客入座，如該區域有緊急逃生出口，必須進行安全解說，這時其他組員也沒閒著，像是協助擺放行李、調整座位，核對特別餐與免稅品的預選，照料特殊旅客（如單獨旅行幼童），發放毛毯、撲克牌、玩具等等。

　　關機門前，座艙長需要與運務一一做最後確認，當該班乘客全數登機完畢，就可以開始「緊急逃生安全示範」，這程序最遲要在起飛前完成。此時要確定所有乘客已就座，走道和洗手間都不能有人，同時個人視聽系統定格在強制收看頻道，播畢，空服開始在負責區域，逐一進行安全檢查，包括搭機乘客最熟悉的安全帶、椅背、桌子、遮陽板、腳靠……，其他像是洗手間使用暫停、廚房設備等等，都要仔細收好，因為飛機起降有重力加速度，稍有不慎，任何東西騰空飛起，後果不堪設想，空服檢查完畢後，再回到自己的座位（jump seat），等待起飛。

客艙機門操作是空服重要職責

　　當飛機在跑道隆隆作響，準備起飛時，空服員必須在座位上默念緊急逃生操作程序，才能確保在突發狀況時，不致慌了手腳。同時記錄真正起飛時間，因為所謂預定起飛時間（Estimated Time Of Departure, ETD），只是表定時間，真正起飛時間，要從機輪離地剎那開始算起，一直到降落的瞬間，這中間才是實際飛行時間。

(二)飛行中

　　傳統全服務航空（Full Service Airline, FSA），起飛後要到達預定高度，機上洗手間才可以使用，空服也才能起身工作，通常會先發放入境表格，然後開始飲料與餐點服務，時間可長可短，與餐型、乘客人數、組員配備都有關。

　　免稅品販售時機可以有彈性，但一般都在餐後，因為讓乘客空腹挑免稅品，服務邏輯怪怪的，不如供餐後慢慢選購，比較沒有時間壓力。

飛行中令人期待的餐飲服務

　　負責販賣免稅品的組員，若盤點有誤須自行負擔，是一項壓力，但相對有績效獎金，也不無小補，同一時間，其他組員有的忙清廁所、送飲料、收垃圾、發撲克牌等等，沒人有閒。

　　飛行途中常見預警或不預警亂流，搖晃程度不一，在最容易發生事故的起降，和預警亂流的階段，機長都會將「繫緊安全帶」指示燈亮起，這時必須先暫停手邊工作，提醒乘客繫緊安全帶，如果亂流過大，可能要先中斷服務，等到機長告知氣流已回穩，才可繼續。

　　氣流不穩定當然與天候有關，台灣颱風季節長，起降多側風，機體會搖晃，除此之外，飛東南亞常遭遇午後雷陣雨，飛日本會碰上噴射氣流（jet stream），還有最為可怕、雷達無法顯示的晴空亂流（clear-air turbulence），所以很多時候，就算「繫緊安全帶」指示燈沒亮，為了安

天候不佳時，飛行途中時有亂流

全，在座位上還是要將安全帶繫妥。

除了亂流，有時還會發生一些比較特殊的狀況，像是乘客生病、失物協尋、設備故障、特殊乘客照料等等，比起違反飛安或劫機之類大事，這些都是很尋常的客艙服務，各家自有完整SOP流程以應對。

如果目的地是本站，或雖然原機續飛，但是要換不同機組員，這時，降落前要將保稅品一一歸位，上封條，完成交接應有程序，先前幫乘客存放的行李、衣物、冷藏品也陸續歸還。

當飛機逐漸降低高度，大約在一萬英尺左右，空服必須完成所有準備工作，回到負責區域。此時座艙長告知機長，客艙已完成落地準備。而就坐於jump seat的空服員，必須重複起飛前做過的動作，也就是默念與緊急逃生相關的操作程序，直到落地（touch down）。

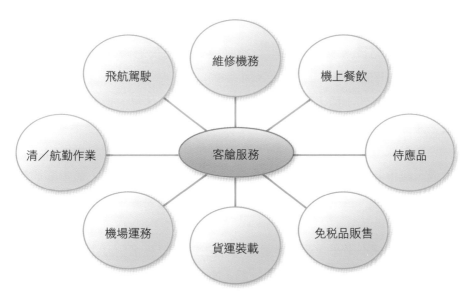

圖二　客艙服務之協同單位

(三)降落後

飛機起降是最容易出現狀況的時機，因此所有人都要乖乖坐好，繫緊安全帶，直到降落，停止滑行，方可起身。

不過最常遇到的，就是每每有乘客，一降落，就急得要把置物櫃的行李拿下來，早一步先放在走道，這樣下機時不用人擠人，搶時間上洗手間也很常見，殊不知此舉嚴重妨礙逃生，必遭阻止。

因此就算飛機落地，也得稍安勿躁，要等到飛機停穩、準備靠空橋了，才可轉身拿行李，維護飛安，為自己也為大家，是身為乘客該具備的搭機常識。

最後，當機門打開，空橋接上，空服員會再次就定位，向乘客致意，目送下機。

(四)機組員離機

乘客離開後，若原班機組員續飛，必須在很短時間，準備再度登機，為了搶時間，準備工作一定要手腳俐落。

如果是另外一種，像是飛到外站，要去飯店休息，或飛回本站，總之準備要收工了，此時雖然乘客已離開，組員也不能馬上跟著走。

乘客離機後還須完成安全與保安檢查，這項工作在機組員登機時曾做過，離機時又要再一輪，除了要確認有無乘客遺留物品，最重要的是檢查有無異樣，包括任何奇怪的人、事、物，主要還是希望避免恐攻事件。

雖然台灣不是恐攻密集地區，但過去還是曾有案例發生，經驗告訴我們，關於飛安，任何事都不可輕忽，Never Compromise with Safety，此外還有一些關於機務運務的事，都要一一交接完畢，組員才能離機。

乘客離機後空服員還須完成安全與保安檢查

　　大部分的時候，空服員都是著全裝。起飛之後，女性空服可以換矮跟鞋，餐飲服務時要穿圍裙，其他時間仍要維持服儀，包括臉上妝容，尤其在機場行進間，更是全套配備都要符合規定。

　　離開機場以後，需不需要再做簡報，又視狀況而論，有時當日飛行無大事，順便在巴士上簡單分享一下，也就夠了，若航班特殊或有重大客訴，延伸出來許多事，就不是一次簡報能解決，後續的報告和會議是如何惱人，就不在話下。

心情聊天室

自己覺得很幸運，做的就是長期以來喜歡的工作，這世界上可以像我這樣的人應該不多了！

工作流程其實每家都大同小異，但如何在工作上找到自己的成就感跟樂趣並不容易！有些人真的是混日子，能夠生活就好。

在飛行已經二十六個年頭中遇到過不少事，見到了人生百態，還記得未三通之前常載到一位長髮披肩、有著良好氣質的少婦，每次都看見她帶著兩位約莫小學二年級的男孩同行，誰知道最後一次載到她竟然是手裡抱著骨灰罈，兩個小孩坐旁邊，在起飛前我照例檢查客艙，這時候見到她正低頭啜泣著，我往回走到洗手間裡抽了幾張面紙什麼話也沒說的塞到她的手上然後離開，我想……應該說什麼都是多餘的吧？就讓她盡情的哭，讓她把悲傷的情緒用力的哭出來就好，不要打擾她了……

航機終於抵達台北，下客時這一位少婦緊抓著我的手，輕聲的跟我說著：小姐，謝謝妳！真的就是謝謝妳！

從那一天起，我再也不曾見到她，我想她應該也不會想要再回到家人去世的傷心地吧？

加油！就是請加油！相信妳去世的家人會在一旁守護著妳跟兩個孩子，守護你們開心地走向更美好的未來……

心情聊天室

當了空服員那麼久，身體多少有小毛病，我的行李箱裡就會帶著普拿疼疼痛貼、熬夜上虛火喝的菊花、胃脹氣擦的德國百靈油之類的東西⋯⋯

自己從未想過這些東西能夠幫助到客人，還記得一次飛往北京的航班，一位商務艙的客人說牙疼，跟組員要了兩顆普拿疼，誰知道起飛之後又再度跟我要，我當然沒有給！像藥物一類的東西一定要間隔四小時以上才能再度服用，否則傷肝腎。

我想了想，沒道理吃了還無法止痛，順口問他是否熬夜了，他點頭，我說等等，然後從行李箱中翻出了一小包的菊花，趕緊泡了要他喝下，在近三小時的航程中見他睡得非常的沉穩，知道菊花茶喝了把火氣給降了，呵呵⋯⋯有用就好！

到了北京下客時，這五十好幾的大男人竟然抓起我的手說：小姐，剛才真的太感謝您啦！真的就是太感謝您啦！我笑著回說：沒事就好！沒事就好！

除此之外，我的百靈油還幫過喝奶脹氣的嬰兒，媽媽塗抹在嬰兒的肚子上，按摩完之後小嬰兒腸子脹氣的問題也解決了，不再哭鬧！

我的普拿疼疼痛貼也曾幫助過腰扭傷的客人，讓他能紓解扭傷的疼痛，否則連坐下都難受！

這些都是我在工作上得到的成就感與樂趣，更瞭解到「施比受更開心」這一句話！開心地做著所有客人的守護天使，直到退休不能飛的那一天為止⋯⋯

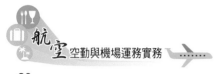
✈ 三、LCC空中服務

廉價航空（Low-cost Airline or Low-cost Carrier, LCC），其實該稱為「低成本航空」（budget airline），這幾年在台灣航空市場虎虎生風，市井小民莫不耳熟能詳，但其實在歐陸已行之多年，算是非常普遍的長途運輸工具。

若論廉價航空的真正始祖，應該算是美國西南航空，它將傳統航空的經營模式改良，以最經濟效益的方式提供服務。早在90年代的台灣天空，如今已銷聲匿跡的瑞聯航空，就曾推出「一元機票」活動，不過當時大環境不夠成熟，行銷目的大過實質，所以一直要到2004年新加坡捷星航空來台，才算真正踏入屬於台灣的LCC時代。

近幾年，不同國籍的LCC競相投入台灣市場，而且呈倍數成長，既然名為廉價航空，顧名思義就是賣便宜機票，但這並不代表沒服務，或服務差勁，而是以量身打造的概念，讓消費者選購自己需要的產品。

起初當然也出現不少負面雜音，認為便宜機票代表便宜行事、有飛安疑慮等等。然而不過短短幾年，LCC不但立足台灣，甚至對航空界造成全面性影響，讓幾個老字號國籍航空公司，開始認真思考差異化服務之必要，並起而效尤。

自從2011年日本「天空開放協議」，國際情勢改變，政策鬆綁，目前台日航班每天已超過一百班次，連帶使機票價格下跌，雖然日幣升值，台灣民眾赴日遊興不減，日本遊客來台也同步增加，整體載客率提升，吸引其他LCC陸續來搶灘。市場產生結構性改變，競爭必須差異化，對消費者來說，很可能會出現破盤驚喜價，對傳統航空卻是一場硬戰。

2016年華航開始推出「樂GO」服務，讓旅客自行決定，是否要加購託運行李，在日本這條航線上，與LCC票價相去不遠。此舉似野火燎原，

長榮航空也接著在8月，將曼谷機票降至七千左右，適逢暑期，機票價格不增反降，歷來罕見，旋即又耳聞，虎航、威航因運營不佳，打算整併的消息，2016年10月威航停飛，併入復興未及，復興航空也無預警停飛，並於11月宣布解散。變化來得太多，太快，讓人猝不及防。

　　由此觀之，同一家航空公司有不同品牌、價位策略，的確可以增加市場需求，但是如何定位？底線在哪？是否影響母公司企業形象？卻仍在適應摸索。在傳統與廉價航空界線日益模糊的今日，其間所發生之種種，是值得深究的。

(一)使用者付費，飛安不打折

　　LCC運營以非常彈性的票價結構，來完成旅客客製化需求，它最核心的價值主張，就是「使用者付費」。

　　如果你以為廉航一定比梅花或魚翅航空機票便宜，買到代表賺到，那可就不一定了，因為廉航對臨櫃加價託運行李，或行程更改所收的費用，可是大大超過一般人想像，一分錢一分貨的概念在此被發揮到淋漓盡致，錙銖必較。如果你是一個習慣出遊要參加旅行團，又懶得出國前先做點功課，那麼，買廉航機票的開始，需要先醒醒腦，轉換一下，它首先需要的，是一個不同於以往的全新思維。

　　過去台灣人對出國這件事，一直有花費不貲的迷思，就算免去簽證一事，也捨不得豪氣地說走就走。但是面對自由行愈來愈普及的事實，雖然稱不上有什麼壯遊的偉大使命，哈日哈韓成為年輕人共同目標，台灣年輕人出國追求小確幸，的確是一種潮流，LCC崛起與此有絕對關係，勢之所趨，日本航線就成為廉航主力戰場，兵家必爭之地。

　　LCC有一個非常重要的核心價值，就是關於航線布局，因為只有將載客極大化，才能在低價中創造利潤。因之，採用安全與穩定俱佳的航空

器，成為一種必要考量。維修成本一直是航空公司重要成本之一，服務的好壞，有時還需要點時間累積，才會產生口碑，飛安卻是一秒輕忽不得。在諸多考量之中，Airbus雀屏中選有其道理，成為眾多寵愛於一的機型。

其次，LCC多以二線機場進出，避開熱門起降時間帶，航線與機型求單純。機內設施則愈簡單愈好，座位間距小是一定的，舉凡娛樂設備一概全免，有的甚至連餐桌、腳踏都沒有，所以如果搭乘所謂半夜起飛的紅眼航班，保暖衣物、耳塞、保溫瓶之類的備用品須自理，其實說句實話，若是飛行時間不長，過多的服務流程與備品根本用不上，撇開出國搭飛機是享受的大爺心態，只要班機準點，安全無虞，廉航的確是個好選擇。

(二)組合式的票價結構

為了追求載客極大化，所以採用浮動票價，便於單程計算，消費者可以利用不同航空公司進出，尤其對行李超重算得很精準，如果好友相約出國大採購，最好隨身攜帶行李秤，回台前一一算好，真的有超過，起飛前還可網路加購行李，或者直接把戰利品另外郵寄回台，臨櫃加價託運是下下策。

正因為票價時有波動，促銷不斷，票價結構又類似層層堆疊，就算零元機票，也還要加上機場稅、燃油附加費與刷卡手續費，這些算是基本費用，之後外加行李、選位、餐點等加購產品，林林總總累計起來，才是消費者所需支付的全額。比如說，一般廉航對隨身行李大小、尺寸，皆有明確規定，新加坡旗下酷航有北海道航線，話說冬天去北海道，行李要不超重很難，權宜之計，就是直接買商務艙，會比加購行李超重費划算。

基本上，所有購票前置作業，都是線上進行，LCC不提供人工開票的服務，這也是廉航目標客群設定以年輕人為主的原因，因為需對網路操作

熟稔，時時注意促銷訊息，才能抓緊最佳購票時機，這些都要靠事先多做功課，操作模式完全符合時下年輕人消費習慣，這正是為什麼短短幾年間，LCC如此受歡迎的一大原因。

相較傳統全服務航空（FSA）走優雅路線，LCC主打熱情活潑，像是日系香草航空以甜美空姐出名，官網上的票價有原味、繽紛與心動香草的產品組合，不明就裡的人，光看促銷廣告還以為是賣冰淇淋呢？這與過去民眾熟悉的傳統購票方式有別，電子機票的格式亦不同，所以坊間有許多達人教授，電子機票要怎麼看？哪種航線要怎麼買機票組合？何時買最划算？從哪個機場進出方便等等，五花八門。

LCC必須載客最大化，因此台日航線的布局很重要

LCC空服派遣較傳統航空精簡許多

外籍廉航在台大多無實體辦公室,員工編制少,客服單位幾乎全外包,所以班機一旦誤點或出狀況,必須自力救濟。特別是台灣颱風季節長,如果碰上嚴重航班誤點,在沒有地勤主動協助的情況下,光想就令人頭皮發麻,所以建議出門在外,最好加買旅遊不便險,求個平安也心安。

(三)LCC空服物語

目前台灣LCC有國籍的虎航,新加坡的酷航,日系的香草、樂桃,韓系真航、釜山,澳洲捷星,還有中資春秋等等,各有特色。

　　截至2016年首季，台灣虎航在市占及營運都拔頭籌，超越去年第一的酷航，對於一個開航不到兩年，機隊規模與航線都成長驚人，而且還能夠獲利，績效卓著。有這樣一張漂亮的成績單，當然占了地利之便，有好的時間、漂亮價錢、座位也舒服，怎叫人不心動，不是只有經營者懂精算，消費者當然也是算過CP值才會刷卡。才沒幾年，LCC便撼動了傳統航空公司，連母公司華航都要推出「樂GO」服務，互打對台，不是沒道理的。

　　台灣航空市場一下子增加這麼多LCC，自然釋出不少職缺，LCC因服務簡化，每架班機空服編制較少，比較沒有階級之分，年資不再是晉升重點，個人特質比較能被看見，升遷機會相對較多，對心懷航空夢的年輕人而言，是一個不錯的選項。

LCC空服很適合追求穩定感的人

　　無論FSA或LCC，空服員的最大職責都是飛安。然而LCC空服還有另外一個工作重點，就是「銷售」，舉凡選位、飲料、餐點、備品、免稅品都包括在內。但事實上，會搭LCC的乘客多半精打細算，不太會花額外的錢，所以就算飛時短，空服員也不至於忙到焦頭爛額。

　　此外，所有機上服務需加價，就算乘客自備泡麵也不必提供熱水，多數乘客攜帶的隨身行李也精簡，毋須幫忙處理，不像傳統航空那般，全程忙得像陀螺打轉，忙到下降也沒機會喝口水，忙到最後奔回座位時，飛行高度可能剩下不到一萬英尺，窗外都隱約可看得到跑道，可是，等到乘客下機後，情況就會翻轉過來，LCC班次接駁很密集，落地不過短短幾十分鐘，空服員要搶時間清掃客艙，然後再迅速登機，比如說捷星航空的規劃，是同一機組人員連續接飛（新加坡─台灣─關西），所以只要中間稍有延誤，後面都會連帶受影響。

　　如果你嚮往的空服生涯，是今天巴黎香榭大道喝午茶，明天租車去普羅旺斯曬太陽，下週去澳洲海灘衝浪，那LCC真的會讓你失望，因為航班固定，航線單純，深夜飛行的紅眼航班（red-eye flight）又多，很少在外過夜，而且為撙節開支，通常停靠二線機場，沒有直接靠空橋，讓你連去機場逛逛免稅店、買買土產的機會都沒有，少了多采多姿，生活比較規律，適合菜鳥空服與二度就業。

　　LCC空服薪資水平，其實並未偏低，甚至與FSA相較，剛入行的薪水還略高，比較大的開銷，應該是紅眼航班的交通費需自理（因為既無巴士接送，亦無交通津貼），其他像是員工優待機票的福利，一樣都有，休假天數亦相仿。

　　整體而言，LCC釋出的空服職缺，讓早年百中取一的空服錄取，變得可親許多。如果你是一個性格沉穩，有戀家特質的人，或者，你很想多攢點錢，日後去做自己想做的事，那麼LCC的確給了好機會，選擇變多，只不過，海闊天空之餘，請先想想你自己，你是怎樣的人，你想要的是什麼

SATA Airline是專門飛行亞述群島（葡萄牙）的航空公司

圖片來源：Sidney Hsu提供

未來？

　　天空不只翱翔，還要飛得自在，飛得高又遠。

四、機上餐飲知多少

　　在飛行體驗中，最讓你期待的是什麼？看不完的娛樂頻道？顏質高的空姐空少？還是餐車派發的餐點飲料？

　　其實回想起第一次搭機時，很多人最期待的、開心的，莫過於「廚房」飄來的陣陣熱餐味，接下來空服員會發給每人一盤，看起來和平時去餐廳吃飯，排列組合很不一樣、配色繽紛的整套餐點，喔～對了，還那顆圓圓的熱麵包，和奶油一起入口真是無敵香。

　　但是隨著出國的次數一多，雖說各家航空不斷出新招，機上餐點似

機上熱騰騰小圓麵包是很多乘客的最愛

乎變化也就那樣，漸漸感覺沒那麼吸引人。甚至許多商務人士，或是飛行頻繁者，開始對機上餐飲感到厭煩，覺得了無新意！正因如此，標榜客製服務的低成本航空公司，順勢推出不主動提供餐點的機上服務，標榜可以省下價差，做為實質回饋。

　　為何有如此落差？又為何航空公司連一份令人滿意的餐點都做不好呢？

　　話說空中餐飲雖然前台在客艙，其實後台準備更加繁複。事前除了要依據餐勤部門的需求備餐，針對不同航空、不同艙等，都會有各自餐飲內容，其他還要顧及網路預選、特殊餐點等等需求，事後還須對內部員工與外部顧客的反應，逐一回覆改進。

(一)機上嚴苛的餐飲條件

◆什麼是「機上廚房」？

沒有明火，怎麼埋鍋造飯？而且還得在極短時間內，一次變出幾百份？甚至越洋長程航班中，各艙必須連續供應數回，有不同選擇的餐食。不明就裡之人，只能驚呼太神奇。其實這些餐點與設備，都來自精密計算的備餐空間，也就是專業人士口中的Cabin Galley。

談到空中餐飲過往，最早是在20年代早期，那時候仿效火車餐車的概念，乘客必須移駕用餐區，吃的東西是現點現做。隨著後來乘客人數越來越多，才逐漸發展成現今再覆熱的方式。

空廚是地面的廚房工廠，將食物製作完成後，先儲藏於五度低溫，再放入有冷藏設備的餐車，然後專車送抵機邊、上餐、與空服點收，待飛機起飛、爬升到相當高度後，再進行派餐服務。這說明了為什麼像炒

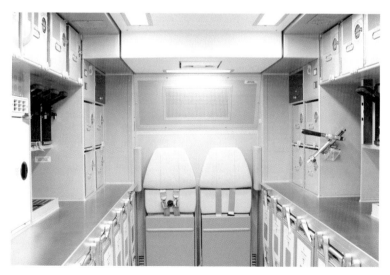

機上廚房（Cabin Galley）一角

飯、炒青菜一類，很家常、很簡單的菜色，如果沒有預先準備，臨時一樣變不出來。

簡單說來，機上餐點因為早早就烹煮好，濃淡甜鹹已定，所以送餐之際，空服員當然不可能說出「牛排想要幾分熟？」這種話，基本上機內餐只是再加熱，如此而已。一般經濟艙等的餐點，更是只有主菜是經過加熱的熱食，其他托盤上的前菜甜點等，都是預先放好的冷食。只有在比較高艙等，會比照餐廳用餐，多費心思去依航線、人力、餐點等不同，來安排服務流程。

◆ 再次複熱

通常航空公司會以簽約方式，與固定空廚業者合作，完成所有機內餐的地面作業。在上餐程序進行時，必須盡可能將其各就各位，安放於固定餐車或位置。如此一來，空服員才能在狹小的機上廚房，以最順手的方式，依序取出主菜、送入烤箱，在很短的時間，有條不紊處理好所有餐

每種食材的再次複熱都需要技巧

點，該冷的要剛好，該熱的不能過頭。還有，跟餐點加熱有關的眉角也不少，包括烹煮的熟度、加熱的時間、溫度，都大大關係到乘客吃起來的感覺！有些像是肉羹、荷包蛋、生炒花枝、炸豬排等，看似簡單不過的小吃，一旦經過烤箱加熱，口感頓失。舉凡勾芡或酥炸這類食物，對機上餐飲而言，都是具有難度的挑戰。

少數航空公司在頭等艙之類的高艙等，會有廚師級的人員配備（業界稱為chef on board），可以提供類似餐廳那樣現點現做的餐飲。但即便如此，不外乎是在擺盤美感或食材呈現的細緻上變化，大多數的機上餐點，還是再次複熱。也就是說，空廚上來的餐點，多半是熟食或接近熟食，包括冷盤也不例外。

◆優秀的熱餐技巧是機上餐好吃的最後關鍵！

一般機內使用的多功能烤箱，泛稱為oven，既然稱之為烤箱，當然以「烤」的烹調方式最適合，小圓麵包就是經典。其次像燉煮類，或油水多的食材，效果也不錯。還有像蒸的東西，例如包子、饅頭，因為機上設備的改進，口感也不差，唯有酥脆類的炸物，或者是有加奶蛋類的焗烤，處理需拿捏得當，時間差個幾分鐘，奶製品容易變綠變硬，賣相口感全沒，像西式早餐常見的烘蛋還算好處理，如果是班尼迪克蛋，或日式親子丼這類，食材雖然簡單，可是要維持那種滑嫩的口感，相當不易。

一個人人稱道的優秀Galley Worker，大至餐車所有擺放位置，小到檸檬片是切片還是切角，都必須瞭若指掌。除此之外，還要掌握整個出餐節奏，畢竟機上時間空間有限，什麼東西放哪裡？有多少？哪個該先拿出來退冰？哪個不能太早拿出來會變質？烤箱要不要預熱？很多環節都不容NG，要一氣呵成。有經驗的人都知道，退過冰的小籠包蒸了會破，湯汁一外漏，包子會塌陷，醜了也爛了。融過的冰淇淋不能回凍，因為空氣含量不同，口感會變差。就算免加熱的酒水，溫度也要控制好，忽冷忽熱喝

機上廚房空間狹小，Galley Worker必須對擺放位置瞭若指掌

起來就是不同，辛苦的Galley Worker需要一直施展乾坤大挪移，讓什麼都恰恰好，才能演出極致。

(二)嚴苛的衛生規範及安全檢查

空廚（catering）原意是「外燴」，台灣空廚始於圓山空廚，目前桃園機場有復興空廚、華膳空廚及長榮空廚，高雄僅有高雄空廚，空廚除了食安，還必須負有保安責任，層層控管裝載流程安全，避免恐怖分子放置危險品，所以為顧及食安與飛安，同時受衛生主管機關與民航局管轄。

機上所有的冷熱餐點都須符合HACCP（食物製成時潛在風險的安全控管，特別是接觸食物表面的溫度規定），以及符合IATA兩個國際衛生規範。所以針對溫度控制、製成時間、出餐後的時間，以及熱食中心急速冷凍的溫度等，都列有詳細的規定。起飛前，空廚依航空餐勤所訂的內容上餐，同時會派專職人員至客艙內，與空服員當面簽收。降落後由於餐點

空廚作業一景

也屬於「保稅品」範圍，受各國檢疫所管控，所有入境國就需要銷毀，一路都有安檢官在監控。

　　2016年夏天，喧騰一時的某航空空服人員罷工事件，雖然在短短幾天落幕，損失之大，遠比想像來得多，檯面下的損失還包括準備好的餐點，雖然沒有食安等問題，但是基於保稅理由，必須全數銷毀，這是局外人所不知的。

◆菜單設計原則

　　機上菜單如果設計不佳，容易招致客訴，輕忽不得。如何讓菜單依航程、國情、時令做巧妙變化，是提升服務品質的一大關鍵。

　1.考量航線時間帶、起降時間及航班機型來設定。傳統航空公司一般都有供餐，但是依飛行時間來看，短班短到時間是否足夠供應熱

餐？還是吃吃三明治或輕食就好？如果是熱餐，那是要簡餐呢？還是套餐？又如果是跨洋的長程航班，還可能除了兩次正餐，還要外加點心時間……。此外，亞洲人喜歡粥點，但是粥粥不同款，台式口感像糜，泰式有顆粒感，咀嚼起來還是有差，粥點供應時間更是學問，最好要在降落前，因為熱粥暖心不飽胃，大概撐不過幾小時，就會有乘客開始喊餓，機上餐飲需要的專業比想像多很多。

2.參考乘客屬性分布與宗教信仰、當地餐飲特色等因素，適時調整以符合該航段旅客需求。單就地域之別，像是回教國家不吃豬肉，飛印度一定有咖哩，日本有蕎麥涼麵……，移風易俗的飲食習慣都要考量。

3.避免國際旅客不慣用的食材或冷門食材，如內臟、蛇肉、臭豆腐等等。為求國際化，內臟、豬血糕之類的食材是地雷，味精當然也要避免。

4.舉凡肉類一律去骨去刺，並避免過於辛辣、油膩的餐點。

5.去回程餐點的差異性及主菜搭配的選擇。乘客選餐除了口味偏好，還有心理因素。因此在熱餐選項上，要避免來回或是前後段航程容

餐車派餐的重要原則是儘量讓主菜選擇平衡

易吃到類似或相同的餐點，必須巧妙地，讓同艙等的主菜選項，至少感覺旗鼓相當，才能讓乘客選擇平衡，不致一面倒。舉例來說，像是國人很喜歡的台式排骨飯，外籍乘客就未必欣賞，所以同艙的另一個主餐選項，最好要是西式。否則空服派餐沒走幾步，其中一個選擇就沒了，接下來餐車要怎麼推下去？

6.避免危險食物，例如湯圓、生魚片壽司等。湯圓是一種很傳統的食物，卻有潛在危險，年幼乘客要小心噎到，壽司則容易因時間及溫度影響新鮮及衛生，不可不慎。

7.其他同前述所言，對於服務手法較繁複、複熱效果不佳的食物，最好能免則免。

◆特別餐介紹

除了一般的機上餐點外，特別餐之供應大致區分如下：

1.素食餐（Vegetarian Meals）：依各地國情飲食習慣或宗教原因之需求不同，又區分嚴格素食餐、中式素食餐、素食印度餐等。

2.宗教餐（Religious Based Meals）：依各地之宗教信仰對於飲食方面的特殊需求而分，例如猶太餐、回教餐、印度餐等。

3.嬰幼兒餐（Baby Meals）：依孩童不同年齡之飲食需求區分，如嬰兒餐、斷奶餐、兒童餐等。

4.病理餐（Medical Meals）：顧名思義以病理需要區分，如糖尿病餐、半流質餐、低普林餐等，多達十幾種至數十種，因各家航空公司及空廚可提供的能力及服務而定。

5.其他：如海鮮餐、水果餐、不含牛肉餐、不含海鮮餐、不含堅果類餐等。此部分為一般乘客會因為搭乘習性及喜好而較常選用。

至於生日特別餐，部分航空空公司會於乘客生日當日搭機時提供此

航空特色小吃可以表現在地飲食文化

圖片來源：倪惠兒提供

服務，但並非一定。

◆節慶食品規劃

顧名思義，在服務前提下，節慶餐點只在一年的某些特定時段提供。而且特殊餐點同樣需考量成本、裝載、衛生等保存原則。比如說，如果年菜是肉粽或佛跳牆盅的形式，就無法提供給經濟艙乘客；西方傳統復活節要吃火雞大餐，可是上了機，也不可能整隻拿來分食，林林總總，該如何展現節慶氣氛？所以有時也會與平常餐點折衷一下，像是中秋節以月餅取代甜點，年節以臘肉飯或是麻糬等餐點應景，比較能顧全不同國籍喜好。

除此以外還能用什麼元素裝飾？或者用什麼取代？上了機之後如何

加熱？像肉粽、佛跳牆之類，或者像荷葉糯米雞、壽桃等等應景餐點，如果要加熱，必須先在室溫下放一會兒（類似解凍作用），先將烤箱內烤架、烤盤取出，以便騰出空間，最好也不要和其他食材放一起，讓烤箱熱流循環，然後長時間蒸氣加溫，才能熱到通透。如果事先準備工作不足，到時急也急不來，結果乘客一吃，發現外熱內冰，抱怨又是沒完。除了群思廣益，各部門的溝通協調與乘客反應，都是機上餐飲進步的寶貴意見。

◆組員餐

　　各航空公司對組員餐的政策不同，安排方法也不一，基本上組員與乘客餐的準備，的確有不同考慮因素：

1. 調餐考量：某些航空公司會有一定比例的組員餐是素食，主要是方便少數乘客未事先預訂，或在不明原因的情況下，想吃又沒有，這時備份就可以機動登場。因為臨時加餐這檔事，從空廚一路冷藏到機上，費用遠比想像來得高，如果只是單獨追加幾份餐點，很不符合經濟效益，偏偏純素食的限制不少，有時就算有多餘餐點，也派不上用場。如果兩手一攤，就讓乘客餓肚子，又覺得有違服務精神，因此在要求服務品質，又想兼顧時效與開支的情況下，這也算是某種變通。

2. 食物衛生的顧慮：駕駛艙為防止食物中毒，嚴格規定同艙正、副駕駛不可食用同樣餐點，空服餐點也有類似考量，盡量不要吃一樣的內容。

3. 餐點重複性：有些航空公司直接將乘客餐兼作組員餐，如此省去了另開菜單的麻煩，並可增加乘客選餐的自由度。但是組員在機上用餐的次數遠較乘客多，此種安排會使組員經常吃到相同餐點，又多了餐點重複的衛生顧慮。

客艙組員餐點與乘客差不多，只是要盡量避免重複

服務業以客為尊，一分錢一分貨的道理人人懂，消費者既然花了較多的機票錢，航空公司就有義務提供更多餐飲選擇。因此像在頭等艙或商務艙，一定會有較多備餐，比例看情況。有時這種服務的確造成浪費，但服務品質又不能沒有，因此如何讓多餘合理化，就成為一項思考。減少開支等同於創造營收，部分航空公司因此提供了網路預選餐點的服務，此舉不但讓機上餐飲選擇多樣化，也保證乘客上機可以吃到喜歡的餐點，甚至還得到額外里程累計，創造多贏局面，一舉數得。

◆ 異業結盟

近年來許多航空公司多與知名飯店或名廚合作研發機上特色餐點，或嘗試與在地食材、藝術家結合，藉由不斷換位思考、注入創意，令乘客有耳目一新之感，亦可提升服務質感，製造話題行銷，一舉數得。

其他知名案例，像是新加坡航空公司由來自美國紐約、洛杉磯、義

大利、法國、日本等八大知名主廚組成國際烹調團隊，在不同航線推出各主廚所設計的餐點。國泰航空2016年與著名文華東方酒店集團合作，推出以創新手法演繹的經典菜式，供往來香港、倫敦、巴黎、紐約等航線頭等客艙乘客享用。台灣華航與故宮晶華、長榮與鼎泰豐，皆合作多時，長榮更嘗試與葛萊美獎設計得主蕭青陽合作，設計機上的酒菜單及餐巾布等，目前已停航的復興航空之前曾與北海道哈密瓜產銷合作，提供機上食用的切片水果，如果乘客試吃滿意，可以透過復興通路訂購，宅配北海道進口的哈密瓜在家享用，這些都是相當成功的案例。

　　這類最新餐飲合作的新聞，可於各航空公司網頁或是知名旅遊網站中查詢。

五、航空餐飲美學

　　機上餐飲由名廚設計菜單，佐以精選佳釀……，並有三項創新服務，餐前供應調酒和法式開胃小點，還可在吧台享用的全套歐式早餐。……在三萬英尺高空細細品味一杯皇家基爾，佐法式小蛋糕，令人驚訝原來飛行也可以這麼優雅……

　　這是V航2016年最新商務艙廣告，不仔細看「機上」、「三萬英尺」等用語，感覺與高級餐廳無差矣，讓你幾乎忘了其實是在搭乘航空運輸，腳沒著地，人還在高空呢！

三萬英尺高空的餐飲美學

(一)美學的日常轉向

　　過去談美學，講的是高高在上的藝術品，如今已轉向於日常，只要能帶來正面愉悅，就是美感體驗。這些想法從我們生活接觸層出不窮的設計品項，到密集出現的廣告行銷，一切都是大家熟悉不過的現象，足見日常美概念已深植人心，航空產業亦然。

　　美是一種哲學思考，美學是討論美的感受，卻很難三兩句說得清，因為個體是主觀的，對美的領略不同，我們只能對所有正面、愉悅之感，籠統稱作氛圍美學（atmosphere）。氛圍是一種美學態度延伸，已成當代消費重要指標，藉由種種操作，可以撩撥消費者情緒。

　　餐飲美學重視五感，食物除了味覺、嗅覺，其他像是配色、擺盤、餐具等，以及所有相關配置，都算是輔助工具，創意可以讓體驗更多元，觸發個體的感性訴求，與心交流的餐飲體驗，讓吃不只滿足口慾，更成為某種懸念。一般在餐廳環境中，顧客知覺的元素包括設施美學

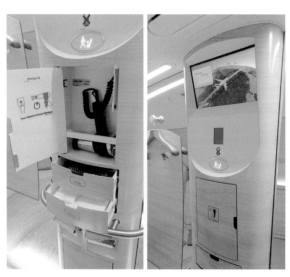

客艙美學還包括備品設計（圖為機上用吹風機）

（facility aesthetics）、氛圍（ambience）、燈光（lighting）、餐桌布置
（table settings）、空間布局（layout）、服務人員（service staff）等，其
下涵蓋裝飾畫作、裝飾品、顏色、家具、音樂、溫度、氣味、燈光、餐
具、餐巾、餐桌布置、桌椅及設備空間配置、服務人員外貌等，都與美學
有相關概念。

　　飛行的美學，談的不只是價評比，這方面歐陸航空公司向來表現得
搶眼，像是冰島航空的極光彩繪辨識度高，芬蘭航空與織品設計合作的印
花相當清新，荷航一直是設計迷最愛，俐落的設計不但實用，還帶點童
趣，法航的優雅品味更是首選。在機上餐飲方面，食安與衛生條件與一般
餐廳相仿，惟受限於環境因素，必須在其他附加價值上多著墨，像服務手
法、整體氣氛等等，才能有效提升餐飲服務品質，而這些都屬於餐飲美學
重要範疇。人性追求自主，研究結果發現顧客喜歡有掌控感，因此提供較

織品與燈光也是客艙美學的呈現

多選擇，自然能夠提升體驗品質。對於經濟艙等來說，航空公司主要考量的是儲存與派送方式，能提供的餐飲選擇不多，頂多只能在外觀、分量方面做變化。高等艙雖然仿效高級餐廳，但客觀條件依舊，多數還是重複加熱，像明火快炒之類的限制，永遠無法克服。近年來改絃更張，嘗試跨界合作，與米其林餐廳主廚、採用在地食材，甚至設計工作者合作餐具，主動製造話題，引發關注，以品牌帶動績效。

(二)機上餐飲服務沿革

航空業是一種移動性的服務，運輸本質各家皆同，但是服務方面，可以利用差異化勝出，取得競爭優勢。然而服務又是主觀的，感受自在人心，要滿足客製化，要下功夫的地方，除了看得到的硬體設施，還包括無形的服務接觸（service encounter）。

服務接觸的定義很廣，泛指與消費客互動過程，就是一種服務傳遞。以機上餐飲而言，不僅僅是客艙中直接所見的餐飲流程，還包括後場支援系統，像是空廚、餐勤與運務等。

空中商業運輸起始於20年代歐洲，30年代開始引入空中服務員，為應運機上服務多樣化，機上開始出現空中廚房。

從航海大發現開始，海運一直比航空發展來得早，因此許多機上設施名稱，皆由海運而來，包括「Galley」一詞，也引自海上廚房。Galley草創時期無水無電，只供應簡單餐食，後來逐漸發展出大型電熱設備，才開始供應加熱過的熟食。60年代空中交通突飛猛進，進入噴射機時代，各地開始廣設空廚，空中餐飲服務內容大幅提升，走奢華路線的頭等艙出現，水晶杯中裝的是美酒佳釀，同時發展出一種折疊式推車，利用它可以進行各種桌邊服務，沿用迄今。從此機上餐飲開始走向享受，非僅於此，因為國際航線大舉拓展到亞非，地方色彩的菜式也開始加入，其中中式餐飲就頗受歡迎。

　　70年代又是另一個里程碑，因為廣體客機有雙走道，對Galley要如何供餐，將是一大考驗，幾經測試，現行的餐車終於登場。今日以餐車做為派送餐點的方式，已被乘客普遍接受，很多人搭機特別期待餐車派餐的時刻，空服用餐車發餐收餐，乘客吃餐盤中的機上餐，就成為空中餐飲一大特色。至於商務艙，乃至後來的豪華經濟艙，反而是在頭等與經濟艙出現以後，為增加營收，集思廣益下所發展出來的中間艙等。

　　自1969年波音747進入航空業，到2007年A380雙層巨無霸加入運營，從此內裝空間增加許多，實現了許多過去只能想像的事，譬如以往只是花錢買機位的概念，不敢奢求隱私，如今床椅兩分，還有鋪床服務，當你從雙人床睜開眼，可以走去淋浴間梳洗，有家一般的自在，無聊時可以走去逛逛空中商店，不用眼巴巴等空服推車過來，甚至還有包廂可以開趴，當然，舉目所見皆名家設計，極盡奢華，這些成本自然是轉嫁到消費群，所以目前A380只在全球重點城市有航點，畢竟還是需要有足夠高端消費客群支撐。因應時代不同需求，近年來餐飲內容有精有簡，有些航空公司的

機上餐飲服務已逐漸走向M型化

高等艙有酒吧可暢飲,也有LCC完全不供餐,連喝杯水也是,除非另外付費,機上餐飲服務逐漸走向M形化發展,是值得關注的新議題。

(三)機上餐飲美學

飛機客艙是一個密閉空間,空間這東西摸不到,卻感受得到,簡單來說,只要乘客覺得是正面的、美好的,都算是美感體驗。

當我們看到V航廣告中,對商務艙所形容的奢華,馬上會勾勒出衣香鬢影、美食醇酒的畫面,……「好想知道在三萬英尺高空吧台,吃全套歐式早餐是什麼感覺喔……也好想喝一下什麼是皇家基爾?」……,你心中的每一個想望,都會成為消費利基,但是何謂「氣氛」呢?其實很難具體定義,簡單來說是透過機上空間與餐飲的選擇與搭配,創造感官新體

高艙等吧檯的工作區很狹小

驗，成為具有競爭力的優質服務。

　　航空公司則針對高端顧客，提供了選位、用餐時間與餐飲的客製化選擇。餐點除了美味與否，品牌與餐飲趨勢，也逐漸成為機上餐食的重要考量。例如法國航空邀請米其林主廚為旅客製作餐點，提升整體機上餐飲體驗之尊貴與奢華；再者，新加坡航空因應時代趨勢，主打健康養生有機套餐，呼應旅客的餐飲習性與需求。當然餐飲的擺盤、布局等，已經是必備因素，如何將各項食材搭配究極，強化視覺感受，挑逗旅客味蕾……，這些都是各大航空不斷研發中的商業機密。

　　接著，餐食的器皿、調味罐及餐巾等餐桌布置元素，也是當代航空公司提升旅客機上用餐體驗思考的重點，瓷器餐具、水晶酒杯、不鏽鋼刀叉、具設計感的調味罐等高級餐具的使用，促使旅客彷彿置身於高級餐廳用餐一般。更有許多航空公司提升器皿使用的檔次，提升顧客中心的身分尊貴感，像是新加坡航空使用Wedgwood骨瓷餐具、長榮航空使用葛萊美設計大師蕭青陽所設計之餐巾等。

　　最後，提供旅客餐點選擇的菜單及酒單，當然也屬於整體機上餐飲體驗重要環節，整體的設計、色彩的運用、紙質的選擇、印刷的品質等，都是整體體驗中不可或缺的環節。例如前面提過的葛萊美設計大師蕭青陽，長榮航空甚至邀請蕭大師一併設計菜單與酒單，利用同心圓概念的剪紙風格，將台灣原生種生物圖騰納入，成為視覺一致性的Logo，讓航空公司的服務用品有特色，與品牌形象做連結。

　　文化向來有屬地性，機上餐飲美學亦同，各地飲食文化風俗不同，如能建立優勢，仿效愈有門檻，優勢就愈持久，才容易在產業競爭勝出。美感體驗雖主觀，乘客感受卻相當實際，踏入機艙，迎接你的是很有設計感的備品，用餐時手上拿的是精緻的餐具，當然還有好吃的食物……，這一切一切所帶來的感官愉悅，是最直接不過的事。因此對航空公司來說，機上林林總總何其多，只要能夠誘發消費者正面情緒，都在航

餐桌布置是提升用餐體驗的重點

空餐飲美學範疇之列。

　　從設計帶來的感官愉悅，是美感體驗較客觀的部分，硬體之外的人員服務是軟體的重頭戲，比較主觀，如能夠做出好口碑，讓乘客透過記憶去連結美好，不管是別人說的，還是自己的經驗或想像，都可以積累、強化當下的愉悅，引發連續正面效應。到最後，甚至還沒踏上機門，就開始期待，機票還沒買，腦海就浮現某某航空Logo，好的共鳴持續不斷，讓潛在顧客變成搭機忠誠的鐵粉，才是航空餐飲美學的終極目標。

六、機上免稅品銷售

(一)賣什麼與賣給誰的思考邏輯

　　一般人可能不知道，機上免稅品利潤其實很可觀，如果談到銷售秘

訣，也許又冒出一堆達人說……，但最最最重要的一點，還是要先想辦法找到好的商品。

什麼是好的商品？簡單來說，台灣人很熟悉的便利商店，雖然街頭巷尾到處有，賣的東西大同小異，服務同質性也高，然而地域不同，目標客群還是有別，從來客身上做功課可積累大數據，做為通路依據，隨時可機動上架或調整。關於這點，航空公司卻完完全全做不到，因為它面臨的狀況更加複雜，除了乘客國籍與年齡多元，屬性難固定，機上空間、人力、時間也很有限，要做到像賣場那樣的展示促銷，是不可能的，唯一能做的，就只能在座椅前方口袋，放上一本類似型錄的雜誌，由人取閱，行銷方式相對被動，所以要讓乘客主動掏錢買東西，靠的不是傳統行銷，而是先要找到受歡迎的商品，因此，要賣什麼？賣給何人？的思考邏輯，就成為整個業務範疇的核心。

(二)機上免稅品的擺放秘訣

◆銷售的關鍵是選對適合的商品

消費意識當道，手刀行動的目標要很潮。輕薄短小、世界知名品牌，以及自行開發的獨有商品，是現今機上免稅品的主打。

航空公司所挑選的品項，大多以全球知名品牌為主，並且體積要愈小愈好。挑名牌是因為知名度高，對不同國籍的旅客都有吸引力，有信賴感。同時還需考量體積，愈是輕薄短小，節省擺放空間，愈容易中選。不然盒子大大的，東西小小的，如果賣不好，載著飛來飛去很占空間，就算賣得好，機上空間一向錙銖必較，也是某種浪費，還不如換成其他體積小、單價高的東西，增加裝載的總量，可以賺更多錢。

以前大家一聽到機上免稅品，馬上會想到菸酒。因為台灣過去曾有一段很長的菸酒專賣歷史，一般人平常想買洋菸洋酒很難，奇貨可居，

所以趁出國之便，一定要扛一點回來。如今物換星移，不但街頭酒坊林立，連大賣場都買得到進口菸酒，價格愈來愈親民，出國買菸酒的動機驟減，想買還不如看看別的，所以航空公司一定要因應時代、推陳出新。反過來說，機上賣菸賣酒，其實很不划算，不但占空間，選擇也多不了，永遠就那幾樣，難與機場商店競爭，又有各國海關限制，算算利潤遠不如精品，像名筆、飾品之類來得好，其他像是電子產品、香水彩妝等等也很受青睞，近年來更流行高單價的糖果巧克力，這些都反映時代在改變，免稅商品行銷也得跟著變。

過去機上只有一本免稅商品目錄，後來附錄愈來愈多，現在乾脆變成好幾本型錄，其中還包括線上郵購，它可以彌補機上免稅品受限的部分，像是一些體積較大、生鮮冷凍等等，以前因為尺寸因素，永遠被屏除於外，現在餅可以做大，賣的東西更廣。

酒類商品，又大又重，通常置於最下層　　每件品項都有固定位置，空服員也才能迅速找到商品

近年來特別流行航空公司自營的特色商品，名目像是航點限定、Logo文創、在地土產，以及林林總總的機上看得到吃得到的商品，乘客如果覺得飛機上的零食米果好吃、用的桌布圍裙喜歡、想要拉跟機長一樣的行李箱……，你都買得到，卻又不是到處買得到，這種感覺就是一種銷售誘因，業績不錯，因此各家航空這幾年都不斷開發自有商品。

(三)前端作業流程

◆選定品項

從廠商提案開始，接著評估商品上／下架可能，然後選定販售商品，以及確認商品售價及成本。選品流程大致與一般商業採購大同小異，但要在有限的機艙空間裡，創造最大化的營收價值，就需精算現有商品的銷售及新商品的替換。

相對而言，各大知名品牌的代理商，也會考慮國內銷售比例，與免稅品通路之間的配置，再決定是否參加機上銷售的提案，以至於有些原本寄予厚望的明星商品，原廠卻另有考量，不願提供機上通路販售。或者有些潮牌國際知名，但本地能見度不高，也會是廠商提案受限之因。還有一種可能，是受到最小裝載數量的限制，畢竟如果廠商的進貨量不大，沒有足夠的量在這家航空公司的每一架飛機上鋪貨，機上現貨時有時無，會影響整體的銷售運作。

基於以上諸多考量，有些商品就算明知會大賣，也只能成為遺珠。像是講求個性的文創類商品，或是手工製的限量商品，目前在機上賣都有實際困難。當然所謂行銷的目的，就是要想辦法把不可能變可能，這也是值得後續探討的部分，是否可以突破現行銷售模式？創造更多雙贏可能呢？

◆採購作業

確定品項後，後續如同一般採購作業，發出採購合約及訂單，並與廠商討論商品的圖文介紹。一般機上免稅商品的圖文，大多由原廠或是代理商提供。尤其是知名國際大廠，通常有代言者及商品屬性一致的規定，不能隨意翻拍或截圖，機內雜誌如需自行拍攝或更換模特兒，需與原廠再三確認。

◆編輯與裝載作業

除了收集商品圖文，進行機內雜誌編輯外，還需同時進行廣告頁、商品屬性分類，以及色調的安排，才能維持整本雜誌視覺的一致，還有乘客翻閱的舒適性。當然，也要適時的加入主題故事，或是其他銷售主題，像是母親節、耶誕節等限定，或是空服員推薦等等，以吸引乘客的目

國際知名品牌參與機上銷售提案

裝載作業是機上免稅銷售的重要推手

光，提升銷售總額。

　　還有一項不為外人所知的重點，就是必須確保所有的商品都要裝入空間有限的免稅品車（或手提箱），而且要讓第一線的空服人員能夠順利在機上交易。從乘客選品、取貨取贈品、刷卡結帳……，從頭到尾都順暢的關鍵之一，就是事前的準備要做好。

　　雖然選品項時已初步考量過體積的問題，但是盒裝尺寸才是每一個品項裝載的最後關鍵，有些像是酒類商品，又大又重，就不宜置於上層。機上每一件免稅單品，都有固定放置的車號、層架及位置，如此裝載作業才能精準到位，空服人員也才能迅速找到商品。機上免稅品銷售跟賣場一樣，常有贈品或加購促銷，這時候的裝載，就要把贈品位置調整到主商品附近，才能讓銷售作業順手。

　　還有就是販售機的設定更新，把所有的銷售商品資訊輸入，包含庫存數量、促銷折扣、幣別的運算以及信用卡促銷等等，萬事備妥，線上空服才能賣得得心應手。

(四)銷售模式的現況與困境

◆銷售模式的現況

①機上銷售

　　長久以來，推車販賣的機上銷售模式，已為大眾所熟悉，上述流程大抵為此準備。但還是常因飛時過短，或熱銷商品的裝載不足，影響銷售成績，十分可惜。有經驗的空服員都知道，如今機上販賣免稅品，遭遇最大困難點，不是買氣不夠，而是時間不夠。

　　跨洋長班雖然飛時長，買的人卻有限，歐美乘客一般對免稅品興趣缺缺，畢竟許多亞洲乘客認為的精品，對他們來說是當地品牌。真正喜歡購物的陸客之輩，偏偏又集中出現在短班，通常扣掉起降與用餐，剩下的

時間有限，就算運氣好氣流平穩，多賺到一點時間，也難讓乘客買到盡興。

航空公司的因應，就是嘗試在某些航段多安排人力，專司免稅品銷售，或者讓乘客網購，或事先填寫選購單，以便提早處理。這些變通與前文提及，要怎麼在有限機上空間裡，讓免稅商品最方便拿取，這都是一遍又一遍模擬、經過共同集思廣益，集經驗於專業於大成，陸續開發出來的配套措施。

②網路預售

網路時代可說為機上販售開創了新局，各家航空公司紛紛推出旅客預購通路，搭機前可以先訂購所需，再上機提領。此舉不僅一次解決機上裝載空間不足，買不到東西的困境，也讓航空公司在獲利方面大幅攀增。因此每家航空莫不使出渾身解數，以更加優惠方式，大力推動預購。現在就連機場的免稅店通路，也開始插足預售網站，分食這杯羹。

航空公司線上預購流程與其他購物網站相仿，只是要到機上取貨。網路預售等於是在既有品項外，又多了一個販售通路。過去有些像是體積較大，很占空間的，或是比較小眾的商品，終於有了立足點，統統可以放在網頁，乘客也因此選擇更多。

③郵購通路

由於歐盟無稅則考量，早在多年前就已發展出機上郵購大型物品的型錄。本國籍航空公司因稅制不同，部分商品要加上進口稅才能販售，因此另外發展出一套國內販售的通路，但畢竟許多國際品牌有自己的國內通路商，消費者會貨比三家，因此並非所有的免稅精品都會在此販售。

◆ 銷售模式的困境

即使某項商品有多便宜，有多吸引人，消費者還是必須以出國且搭乘該航空公司為前提，才能進行購買。

　　因此機上免稅品的銷售客群，與一般國內實體或網路商店可以隨時下單購買的模式還是有所差異，除此之外，還有不少銷售障礙：

1. 無法及時搶售熱銷品：雜誌編輯從品項確認到機上販售，至少需要二至三個月作業。因此突然爆紅的商品，很難像國內通路可以及時調整。

2. 無法及時調整售價：印刷品上的售價，無法像國內通路或機場免稅店，可以因為競爭對手臨時降價，做同步修改。

3. 品牌內的品項限制：有些品牌有專賣合約，或是內部行銷策略考量，會限制免稅品通路的品項。大抵而言，機上販售的價格比坊間低，所以雖然都是正品，包裝與容量略有不同，就是不希望流入市面，打亂既有通路販售。

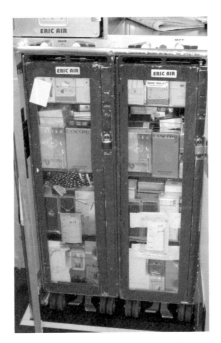

透明免稅車可以帶動現場買氣

4.酒與菸入境可攜帶的數量：許多國家海關對於酒菸攜帶入境的數量有管制，所以即使商品大受歡迎，乘客也不願多買怕觸法。

5.其他：部分具輕醫療功效的化妝品，囿於各國法規不一，有時境外可以販售的商品，本國籍航空公司卻礙於規定，無法販售，只能眼睜睜的看著別家賣到翻。

機上免稅品販售的競爭者其實還真不少，不只是機場與市區的免稅品店，還有國內業者的周年慶特價，除此之外，廉航機票也使國人出國機會增加，許多人乾脆前往原產地（國）購買，加上網路普及，代購通路如雨後春筍般出現。這時候航空公司的選品與售價，反而成為最佳參照指標，對機上免稅品銷售的影響，不容小覷。

✈ 七、班表與薪資二三事

所謂空服生涯，是一張張班表堆疊起來的。

空服員因為工作模式特殊，在組織中常常被單一化，多數人只看到金玉其外，孰不知個中辛酸不少。

區區班表一張，上面寫滿了各種代碼，訴說著每一個人的哀怨情仇，每逢班表發布時刻，總是幾家歡樂幾家愁，空服部門直到深夜依舊人聲鼎沸，有人忙著找人換班，有人望著那張紙驚呼連連，當然也有連聲咒罵不已，這種情形總是一次又一次的上演著，班表決定了一切，也牽動了每一條喜怒哀樂的神經，他是空服生涯的日記簿。

班表規劃全年無休，各家有異，國籍航空在法規部分，主要參照的是勞基法與航空器飛航作業管理規則，其他還包括航權、淡旺季需求、機場時間帶（slot time），加上許多不確定因素，像是天災人禍等突發事件。此外，空服部門尚有人力資源考量，像是不同機型艙等的人力配

班表不但牽動薪資組合，還影響家庭生活
圖片來源：倪惠兒提供

置，對於空服個人的休息時間、長短班與服勤密集程度等等，全都在考量之列，非常的瑣碎繁雜。

　　經過電腦排出的班表，除了工時無法固定，還涉及交通接駁、航班待命、地面作業與機上輪休的計算……，可謂牽一髮動全軍，不但會影響整個薪資組合，連帶還左右家庭生活品質，因為工作環境是在高空，和地面不同的是，飛行器裡的乾濕度令人不適，加上熬夜與時差對身心負擔很大，因此空服對換班一事，需求極高，好的班表怎麼看都眉眼是笑，問題是好壞有主觀因素，放寬空服員的換班權限，可以減少請假與離職率，卻會增加行政負擔。空勤薪資占航空公司整體營運成本甚高，站在管理階層有審慎必要，權宜之計便是將選班、換班當作獎勵，因為對空服來說，換班有很多條件限制，不是找到人就可以互換，常常會白忙一場，如果可以多一點權限，會比一些行政獎勵更加實質。

區區一張班表，每個代號都有意義，牽一髮動全軍

　　派遣原則除了法規，也就是不同航空器，依載客多寡，必須確保飛安與緊急情況執行，同時還要顧及航空公司內部訓練與管理，所以派遣時要考慮相當多。

　　說起班表可是一項精密無比的大工程，它代表了工時、航點、機型、服務流程、人力搭配、休假天數、個人作息……，當然也代表了薪資，一般空服員的薪資計算方式，大致為：A（固定薪資）＋B（非固定薪資）＋C（其他），A是底薪加職務津貼，B是飛行時數乘以基數，再加上外站津貼，C可能是免稅品銷售獎金等等，通常會浮動的B占了大部分薪資，可惜的是發放年終獎金時並未列入計算，在核算退休金時也刻意忽略，尤其女空服員常常夜間服勤，紅眼加班費是發還是不發？始終是很受爭議的。

　　所謂心目中的「夢幻班表」，其實見仁見智，因為資淺的喜歡到處走跳，資深的要顧及家中老小，各自有不同的使命感，但是人人口中的超

心目中的「夢幻班表」，其實見仁見智

級大爛班、爆肝班，就不是好玩的了，金錢上的小小補償，可能拿去看病推拿都不夠，原因無他，人體總有極限，試想半夜起床梳妝打扮、服勤來回各幾小時的航班，中途停靠不過一小時，打掃上餐沒多久，回程旅客就要登機了，通常這種航班票房都不賴，面對滿坑滿谷的乘客，別說坐下來休息了，連喝水上廁所都要搶時間，等到美好的仗終於打完了，通常月娘早已露面許久，從摸黑出門到返家，想想這一整天都沒見過太陽公公呢！

　　戰況如此慘烈的航班，人人當然要能閃則閃，所以可以自己排班就成了莫大恩會，好的班表讓你荷包滿滿上天堂，壞的班表讓你苦不堪言，排班的過程永遠有流言是非，也永遠無法做到真正的公平，因為總有人為因素作祟，加上空地勤的薪資給付方式不一，為數眾多的空服員反而不符合勞基法條件，所以雙方一直有衝突，這是國籍航空所面對的共同問題，在大環境遲遲無法改善的情況下，部分空服員會萌生去意，一般都在約滿之屆或結婚生子時另謀他就。

　　空服員最在意的班表，是層層疊疊的組合，反映工時有許多不確定

⭕ 心情聊天室

　　各家公司的薪資多是底薪+飛時計算，有些公司還分為舊約制與新約制，比如有些人的底薪高，但不算飛時，多的是per deim（每日津貼），但per deim真的沒有多少錢，若是老飛turnaround flight，per deim真的沒有幾塊錢，若遇上long delay，引擎沒有發動，飛機沒有後推，可能最後超時發不成在那兒耗上一整天卻一毛錢也賺不到，只有在layover外站才能夠多賺一些，一般公司的算法就是底薪加飛時，想要多賺錢就是多勞多得了。反正比上不足，比下綽綽有餘，尤其我待過三家公司，看得多，自然懂得隨遇而安……

性，一張班表到手，很少從頭到尾沒變過，隨時變動是常態，抓飛一個洲際長班，半個月的班表就要重新洗牌，原本所有大大小小的計畫全歸零，當然，薪資也隨之變動，身體要應付彈性的勞動，你的心裡當然也不得不……。

　　浮動的班表意味著，日常無法照表操課，某種程度來說，人生也是浮動的。

八、情緒勞務的代價

　　大陸改革開放之前，國籍航空出現陸客機率並不算高，後來開放陸客來台，兩岸交流一日千里，近幾年大陸航班已成重要航線，不但改變兩岸航空原有生態，更直接衝擊機上服務品質。

　　站在第一線的空服員，與機上乘客互動時間長，攸關乘客對整體服

務品質的觀感。機上乘客來自四面八方，文化無高低，空服員不能選擇服務對象，所以需要調適、平衡的，只有自己，因為一旦著裝，你就代表了公司。

　　陸客對國際旅遊市場的衝擊不容小覷，航空運輸只是其中一環。地域有別，民風不同，陸客好惡表達直接，有時令人難以招架，站在第一線的空服員，需要更高的情緒智商，方能應對得宜。航班發生的誤點原因很多，維修問題是一種，許多機上裝備需適航證明，所以會有維修備料、待料考量，不是只有技術層面而已。近來因大陸航班暴增，屢屢造成航路交通管制（Air Traffic Control, ATC），起降延誤很常見，甚至多達六、七個小時，很多乘客不能理解，如果是因為天候不佳、天空塞機而延誤，為何當原因已排除，飛機卻遲遲不起飛？這是因為原先申請的起飛時間已過，必須重新排序……，另一種情況是，當幾百個人擠在狹小客艙，容易心浮氣躁，也許有人要轉機，有人急著趕開會，有人家中急事……，大家都吵著找客艙服務員，所有的負面情緒，七嘴八舌，支支像利箭，當班空

空服員與機上乘客之間的互動，攸關航空公司整體形象

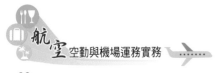

60

服就成為無所遁逃的靶心。

　　身為空服的你卻無處可躲，因為穿上制服，就代表了公司，既然責無旁貸，只有先穩住自己那顆心，才能安撫躁動，耐心處理客訴，但制服底下那個自己呢？誰無家人子女，誰不會累，也許當下你有比其他人更重要的事在等，可是你選擇不能說，學習內斂，臉上還要不斷微笑，在光鮮亮麗外表下，反差竟是這麼大，就算今日勤務結束，還有明天、明天的明天、和無數個以後，你的日常隨著班表不斷轉啊轉，轉到不敢有太多規劃，轉到難有正常社交，久而久之，生活品質受到影響，這種辛酸做過服務業都懂，學術上稱為情緒勞務（emotional labor）。

(一)私人的情緒，服務的商品

　　「情緒勞務」一詞出自社會學家Hochschild，它的原形概念源自航空公司，他認為空服員的工作是一種感情取向的勞動，也就是說除了要有賞心悅目的符號身體，還要兼具「照顧者」的形象，你必須表現某種情緒，那是組織的要求，內心的感受卻不是這樣，這是一種挑戰與偽裝，久而久之，會出現情緒失調（emotional dissonance）。

　　勞務（labor）有身體與精神兩個層面，情緒勞務主要針對的是精神層面，它又可以分為認知與情緒部分，「認知」主要是關於解決問題的能力，「情緒」則是內在自我調適。我們一般所熟知的人格社會化，也是情緒勞務的一種，但它是比較漸進、長時間的過程，而且主要操之於己，服務業的情緒勞務卻是計畫性養成，也就是組織刻意塑造出來的，個人沒有太多選擇。

　　在職務分派上，愈是資深的空服員，需要投入的情緒勞務就愈複雜，以座艙長為例，他的主要職責說來簡單，主要就是溝通與協調，座艙長需要在前艙駕駛、後艙空服與乘客之間穿梭，所以他的服勤重點不是今

情緒勞務概念源自空服員

天端了幾個餐盤，也不是講了幾次廣播詞，而是統御能力的展現。

　　飛行途中，小至馬桶不通，大到醉酒鬧事、孕婦產子等突發狀況不少，人在三千英尺高空，資淺的找資深，資深的只有靠自己，密閉空間，資源有限，能力所及的當下，必須做出最適切的處理。服務本質有易逝性，事後難轉圜，靠著心中那把尺，對錯必須自負，這是身為領導者的壓力，因為眾人可是眼睛睜大了在看，事過有論斷。

　　什麼是好的領導或許見仁見智，除了基本的訓練考核，還應該要有些別的，畢竟服務忠於人性，在制式規範要求之下，領導者都應該有風格的展現，而這也是需要琢磨的。

　　有時雖然整趟飛行大小事不斷，感覺卻像協奏曲那樣快慢有序，節奏配得剛剛好，是一種很棒的感覺，只要每個人照著既定的速度去執行，忙是一定的，只要不慌，亂中有序會有某種篤定，因為你知道，只要一切按部就班，所有事都能在降落前做到完、做得好。心中有所依，工作氣氛自然和諧，身體疲累，心裡卻覺得踏實，要達到這種服務境界，客艙

領導攸關甚大。

能夠把機上角色與自我認同一致，就是角色擁抱，情緒勞務的負擔就不會那麼大，然而說歸說，人有七情六慾，每個人都有情緒起伏的時候，每次飛行都要完美演繹的背後，究竟需要的是多少的投入與情緒壓抑。

(二)同儕情誼算不算情緒勞務？

說起空服這行，同儕情誼（camaraderie）除了相互依存，微妙的地方也不少。許多學子把航空業視為圓夢，所以每次招募不斷有新鮮人加入。新人報到，從忐忑，學習獨當一面，時間長短不一，在這段青春正盛的摸索期，彼此打氣、互相鼓勵，是很重要的心裡支持，所有甜酸苦辣，都是人生的美好回憶！

每個公司都有一座空服金字塔，骨架是長幼有序的空服倫理，隨著時間不斷推移，慢慢向頂端前進，彼此之間有提攜、有競爭。飛行的時候，前台大家攜手打工，後台卻有一個個小圈圈，圈圈會重疊、圈圈會時近時遠，人人都是圈圈裡的小單元，把所有圈圈的外圍連起來，就成為一個大範圍的「空服員」群體。

革命情感是同儕情誼的重要內涵，它可以是助力，也可以是阻力，因為強調了「我群」和「他群」之分，雖然說搞小團體這種事無處不在，但畢竟這個行業讓人想像多，說好聽是行遍天下、見多識廣，但另一方面來說，有時也很重複單調，於是嚼舌根、聊八卦，就成為忙裡偷閒的小小調劑，只是流言斐短，聽的人，說的人，還有不小心中槍的人……，久了，都是情緒勞務的負擔。

資深資淺的情緒勞務有各自不同的強度與細緻度，端視航空公司本身的定位，譬如傳統航空就與LCC明顯不同，它還取決於空服自己的內在

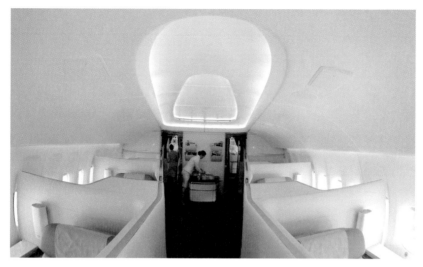

同儕情誼也有可能成為情緒勞務

情緒，像是個人對這份工作的認知與認同，都會有影響。

(三)以客為尊的情感規範

　　服務業與其他製造業的最大差異，就是與消費者有互動，除了提供勞務，還有一項特質，就是生產與消費會同時產生，換句話說，顧客的感受無論好壞，往往已在交易瞬間決定。

　　把機內服務視為無形商品，透過顧客為中介，達到交換價值的作用，一直是航空公司行銷重點，因此透過訓練、監督與獎懲，將服務產出標準與規格化。這些計畫性養成手段，與個人社會化的情緒勞務不同，因為前者掌握於組織，後者卻操之在己。

　　服務訓練的核心旨意，是希望把誤差值控制在最小範圍，如此一來，就算每次機組派遣不同，仍然可以維持服務手法精準、到位，讓每一次飛行，消費者都有均質服務。

　　「以客為尊」不只是服務口號，它還是一種情感規範。穿上制服的你，言行舉止都代表公司整體。當空服形象被標籤化、商品化，所有情緒的表達，必須滿足顧客期待，不能有個人好惡，因為它已經成為一種服務產出，所以不單單是面對乘客，還包括空服彼此的互動，有時，因為調派緣故，當班空服根本不熟也是有的，默契欠佳一定，可是就算心中再怨懟，也要努力不能讓乘客看破。

　　航空公司在電視廣告主打的空服美女，總是一貫優雅的、微笑的，如果被發現機上的她，動作粗魯，還會對其他組員咆嘯，的確突兀也不符期待，必遭非議。只不過，原本私人的情緒成為服務商品，內心的真實感受就必須隱藏，才能演繹另一個你，剛開始或許是淺層偽裝，時間一久，太密集，日復一日，慢慢內化到深層，開始有點困惑，因為有時虛實難分，心中那種說不出異樣感，就叫「自我異化」（self-estrangement）。

　　很少人可以離群索居，世間凡人，誰不是身兼多重角色，在公領

「以客為尊」不只是服務口號，還是一種情感規範

心情聊天室

　　由於公司文化的不同，飛的航線不同，搭載的客人也不同，要面對的工作壓力也會跟著不同。

　　相信在台灣航空的文化裡，機長跟地勤不大會因為前航班延遲抵達而給予下一班組員要準時登機完畢的壓力，但由於航線的關係，中國大陸常有著ATC的問題，若是無法在塔台給的slot time就是起飛時間之前完成登機，下個起飛時間不知道要等多久以後了，因此CFA的壓力來源就是來自於地勤跟機長不斷的催促是否能夠登機？甚至在空廚邊上餐車，邊登機的窘境。

　　航線不同，所搭載客人也跟著不同，好比陸客的文化背景跟國人有著很大的差距！

　　記得一次在飛往北京的航班中，飛機已經在跑道頭等待塔台的指令等待起飛，這時聽見客艙裡客人說話的聲音越來越大聲，本以為只是聊天，後來是組員跑上前來告知兩位客人因小事大吵都要打了起來！

　　Chief立即從座位跳起來前往處理，任由Chief怎麼規勸，這兩名陸客誰也不讓誰的互相罵著髒話，拉著衣袖，Chief眼見無法解決，航機又馬上要起飛了，擔心起飛之後只會鬧得更嚴重，只有跑進駕駛艙跟機長報告此事，要機長跟塔台作聯繫是否能再多給幾分鐘，讓Chief想辦法平息這場紛爭再起飛會好一些？機長問說是否有把握能在最短的時間裡處理好此事？Chief回答說可以！之後是Chief好言相勸並且幫他們更換座位之後才平息了所有事。

　　Chief用最快的速度跑進駕駛艙裡跟機長報告problem was solved，才關了機艙門跑回座位坐下，安全帶都還沒有繫好飛機就起飛了！

　　這就是所謂slot time的壓力，還有自己的應變能力！若真是無法在起飛之前平息這種分爭，航班只有返回登機口讓地勤人員或是航警人員來處理這些棘手的問題了。

域，有職責區分和組織規範，在私領域方面，有不同角色期待。誰無父母子女，面面俱到何其難，如果身心沒有調適好，長期壟罩在負面情緒，環環相扣，惡性循環，一定會產生耗竭、倦怠，甚至掛冠求去。對組織而言，大大影響工作效率，增加人事成本，轉過身來說，對有心投入航空業之人，多瞭解，多認識，會成為某種必要，因為僧多粥少，機會除了給有心人，還要給準備多的人。

心情聊天室

中國內地ATC的嚴重不是本國籍航空人員能夠想像的，其實大陸對台籍航空有著一定的禮遇，就算是遇上嚴重的ATC也會讓台籍航空先行起飛，而其他航空最嚴重的ATC可長達六至八小時之多！在中國內地的規定就是要旅客登機完畢，關了艙門才能夠排隊等候起飛，這讓在客艙裡等待了幾個小時之後的陸客難免會受不了這樣的情況而開始鼓譟！那種狀況更只能用被野狗圍攻來形容！遇到不理性的陸客更是粗口不斷的攻擊所有組員，有時候在電視、網路所見到內地人民不受控的行為毋須感到驚訝，因為都是事實！飛完那一趟航班的身心疲憊不是言語所能夠形容。

壓力的紓解方式每個人都不同，有些人是下班找同事聚在一起喝酒，互吐苦水，而自己的減壓方式就是下了班不再接聽同事的電話，就是做飯、聽歌、種花、休年假時候去旅遊……，用這些事來減壓。平時上班被催促著何時登機？起飛之後趕著做service，下降之前趕著檢查客艙……，我們每天的生活就是趕趕趕……，在下了班、休年假的時候自然不會再想要提到工作的事，只想過著沒有壓力慢活的生活，甚至不想被任何人，包括自己的家人催促著「好了沒？快一點！」，就只想藉由旅行悠哉地看著自己想看的，放慢所有的作息好好享受難得的休假日與假期。

九、美學勞務──空姐「符號身體」與「角色擁抱」

(一)美好的想像──空姐的「符號身體」

　　每當媒體上出現航空公司的廣告，一定少不了美目盼兮、巧笑倩兮的空姐畫面，空姐不只是航空公司的看板小姐，說是門面也不為過，這種把整個空服員形象給陰性化的情形在亞洲的航空公司尤其明顯，男空少往往被隱形化，但是真正到了內部升遷之際，男性往往又占有相當優勢，這中間「身體化」、「去身體化」並存的高度性別差異，其實是很弔詭的，不只如此，平日好像備受關注的女性空服員，到了生育年齡所面臨的不公平待遇（例如簽約時有婚姻條款）、生理期的差假問題等等，這個特殊行業所呈現的眾多面向，一直都是話題的焦點。

　　航空公司對內不斷地灌輸空服有專業性，強調安全職能才是首要，對外又不斷地放送美麗的空姐形象，那麼，你對空姐的印象又是什麼呢？「年輕的、瘦瘦的、永遠美美的、香香的……」？

　　這幾年空姐啦啦隊參加燈會、忘年會、大跳熱舞的盛況時有所見，連「天降辣妹」這類官方影音檔都到處有。只是，凡事都有相對，華麗衣裳的背後，不一定爬滿了跳蚤，卻是要付出相對的代價，女性空服的確在外表上要揹負著世俗的壓力，無論你是當媽了、臉皮鬆了，還是就一個字「老」了，在這個職場氛圍裡，如果你不想遭人訕笑、承受鄙夷的目光，努力維持身材也是必然。

　　空姐之中也不乏有大女人自許，平日說起男女平權、女性主義……，大都夸夸而談，但是真的長久浸淫在這個環境裡，很多感覺會遲鈍，會跟著盲從，不知不覺中，你會發現自己居然跟著大夥取笑又老又胖的老座艙長，你也會默認男空服向來升遷較快的事實。

　　當美學已融入現代經濟，成為普羅消費意識的一環，雖然美感它是感性追求，既複雜且主觀，然而，就算一般人對什麼是美學美感，一知半解，上了飛機，對空服的外表儀態，乃至說話語氣，都還是會有一定期待，這些林林總總對第一線空服來說，都是美感技能，也是美學勞務。

　　每一次服務接觸，都是企業形象的詮釋。美學勞務被定義為「員工在職場體現美學的能力與屬性」，組織透過招募、甄選與訓練，藉此打造理想的空服形象，而制服，正是聚焦的開始。

　　空服是航空公司之中最受矚目的第一線員工，其中對女性空姐的服儀規定，甚至話術語調，皆有鉅細靡遺規定，特別是亞洲籍航空，空姐制服一向窄版合身，要好看就要咬牙把自己塞進去，穠纖合度的身體就是展示台，販賣免稅商品的最佳利器，把身體當作消費的中介，好像經過了某種加持、印證，這些化妝品就有了不同價值。

　　2015年某航新制服力求新象，輿論褒貶不一。在新制服發表會上，設計師毫不諱言的說：「空服員制服要性感，要有遐想……」，無獨有

穿上制服的空姐，就是一種符號身體

空服員是被觀看與走動的企業形象

偶，另一家航空公司的設計師，在面對空服抱怨制服太貼身、裙長太短，也直言：「女人，是一定要有腰的……」。這些公開場合發言，其實有違航空公司強調的飛安至上，因為辣妹空姐穿的緊繃，要如何在危急時協助乘客逃生？而且一直要滿足乘客對性感小野貓的期待，對資深空姐不僅是美學負擔，還是一種為難，畢竟女人在不同年齡，要美得合乎情宜。

　　身為空姐，平日的妳，有穿衣打扮的自由，穿制服的妳，卻是被觀看的、走動的企業形象。

(二)誰最有資格當空服？

　　航空公司透過外表與體態的考試篩選，加上接下來的訓練與規範，讓員工展現他們想要的空服形象，為迎合社會目光，光像是口紅、指甲油顏色之類的成文規定，就多如牛毛，檯面下還有許多不成文的，例如亞洲女空服以裙裝為主，它不是必要的，危急時還妨礙逃生，所以歐美有些航空公司，女性空服有裙裝褲裝任選，可是就算比較安全方便，對於亞洲航空公司來說，空姐裙裝行之多年，已有社會意義，就算可以有選擇，相信還是從眾居多。

　　肇於2011年日本天空開放協議，政策鬆綁，市場產生結構性改變，LCC日益蓬勃發展。空服員與乘客關係從下對上的「以客為尊」，到平行的「以客為友」，服務節奏從優雅變成輕鬆，對空服形象不啻是鬆綁。女性空服可以紮馬尾，穿著休閒，和乘客在機上玩唱歌玩遊戲，和乘客打成一片，拉近彼此距離。然而它也是另一種展演，與傳統航空要求優雅是相同道理，當LCC將展現活力成常態，無時無刻都要表現青春討喜，對空服，當然也是美學勞務的一種。

　　制服對個人而言，是對選擇本能的限制，然而那身制服，卻又是許多少女追求的優越感，所以制服與人的關係，被動且主動，對心理的影響十分微妙，對乘客而言也是如此，平常你不會對隔壁鄰居阿姨出來倒垃圾時穿夾腳拖的樣子有意見，可是如果有一天搭飛機，居然看到她穿空姐制服，又會忍不住酸，胖成這樣會卡走道啦，身材如此走鐘太不敬業等等，這種空中阿嬤阿姑的照片，四處被網民瘋狂轉載，身為空姐的你我，看到也會跟著笑笑，跟著心裡一驚，還加點說不出的酸楚（會不會哪天換我被人笑？天啊！我不要～），要一直一直符合期待，就要承受各種有形無形的壓力，而這些，點點滴滴都是美學勞務，簡單來說，空姐算是某種另類白領，身體不只是體力上的勞動，它也是溝通、順從、符號

心情聊天室

　　自己常說年輕時大家是在比誰美，而有了年紀就是在比氣質了！除此之外，更要為更應為自己的身材負責！在有了年紀之後如何不讓自己胖得過分離譜真的是件辛苦的事，畢竟有了年紀之後身體的新陳代謝都會變慢，吃不胖這件事更成了天方夜譚！除了不能亂吃以外還要定期的運動，否則很快就會成為阿桑級的人物了。

　　或許有些人會希望自己的容貌好看一些而去做些微整型的事，我倒覺得自然就好，有自己的味道就好，這些所謂的味道，氣質是年輕美眉們怎麼也學不來的，是經過了多少工作歷練累積而得來的，就像在飛機上看著一些有年紀的空服員，從她們身上見到的不是漂亮兩個字，而是舉手投足讓旅客感到舒服的那一股味道，一種賓至如歸的感覺，跟年輕美眉給人的漂亮是兩種完全不同的東西。

　　飛了這麼多年見到一些同事最大的改變就是她們在當了媽媽之後的那一種母性的光輝，就是跟沒有結婚之前有著很大的對比！變得成熟了，溫柔了……尤其在談到自家小孩的那種笑容，或許就是因為如此的改變才能對旅客有著更大的包容跟同理心，處理客人問題的手法也跟著更加的圓融、成熟。

　　許多當了媽媽的同事每飛到了外站不再是給自己增加什麼行頭，都是想著給小孩添加著什麼衣物？小孩愛吃的東西？甚至是做飯菜的調味料、鍋碗瓢盆之類的東西，生活除了賺錢養家之外就是小孩了。拿自己為例，沒有小孩以前穿的都是有牌子的衣服，在有了小孩之後就是舒適的白布鞋、牛仔褲、T-shirts、可以斜背在身上的小花包，再也不是洋裝、高跟鞋……，這些東西已經離自己很遙遠，除了上班的需要，我已經不知道如何穿著高跟鞋逛街走路了。

的,當然它更是競爭的身體,外在的條件讓你可以很快地接近人生的第一桶金,可是人都會老,歲月的痕跡沒多就便讓你屈居弱勢,在這種替代性高,內部升遷管道何其狹窄的場域中,自我調適就是一門大學問,要在一個身體觀念如此高度性別化的環境,游刃有餘的穿梭在公私領域,不至對自我身體產生疏離感,即使當個萬年空服員也甘願快活,身心都健康自在,這是一個曾經身為空服的由衷期許。

(三)前台與後台的角色擁抱

女空服在職場被期待以照顧者、性感者的角色出現,企業必須提供這樣的客艙服務,因為它是顧客期待的某種專業,具交換價值。換句話說,原本屬於私領域的,個人的身體,穿上制服以後,卻要展現體制內的規則,情緒也是。

如果用社會學的角度來談空服員的種種,一定會提到Goffman的戲劇理論,這套理論可繁可簡,一言以蔽之,就是每個人在不同時候都有不一樣的角色扮演,身為一名職業空姐,工作時有一定的職場規則可循,下了

空服「後台」通常會出現在客艙廚房

班，你還得是某人的女兒、女友／老婆、媽媽、媳婦……，這些不同角色的內涵，與內心深處的真實自我，有互為一致的時候，也有彼此背離的時候，大部分的時候是兼而有之，只是程度上有差異罷了。

「前台」是集體參與的共同演出，穿上這套制服，你沒有個人OA辦公家具，一舉一動都攤在眾人眼前，愈多的個人情緒表露，就會被指責為不夠專業，所以有壓抑有假裝也是難免，除了應付乘客，資淺者要有資淺的樣子，如果遇到內部稽核人員查飛，全體更是要合演一齣萬眾齊心的戲碼，碰到這種情形也只能大喊三聲無奈。

「後台」通常會出現在客艙廚房，只要拉上窗簾，美其名在準備餐點，把乘客區隔起來，裡面就自成一個小天地，平時是個八卦中心，勞資關係越緊張時，後台也越是口沫橫飛，有時還會有意無意的漫延到前台，只是機上隔音效果不佳，制服上身就是還在當班，多少仍有顧忌，業界就有組員在嬉鬧之間，把派餐說成是「餵豬」，結果隔牆有耳，引起軒然大波，成了空服史上的萬年教案。

非正式的後台不只廚房，還包括交通車上、販賣機旁，甚至機場行徑間，只要沒有乘客的目光都可以算是，它往往是集體情緒發洩的出口。

正式與非正式舞台的區分，存乎於心，也就是個人感覺罷了，有些人可能覺得跟同事一起也是前台，因為有人的地方就有階級有小團體，後台之中又有前後台之別，另有乾坤，只有脫下制服獨處才能做自己。如此一來，除了下班回家，只有飛到國停留的幾天，也就是俗稱的「外站」，才是真正的後台，脫下制服，「本我」隆重登場，你可以隨心所欲做自己的事，沒有乘客，也不用跟看不順眼的同事虛與委蛇，如果你想要搞自閉，可以關起門來幾天都不露面，如果你要問空服員這個行業到底哪裡吸引人？除了麥克、麥克以外，我想十之八九的人都會提到這點，畢竟就算天天回家的上班族，也未必有機會好好和自己獨處一陣子。

前後台之分有時在於內心，很難絕對

　　資淺的空服員常常抱怨這工作沒成就感、無法自我提升，但越資深卻越有不同看法，某方面來說也是向現實屈服了，所以往往在自圓其說，自得其樂，不過還是有些無形的東西，該怎麼說呢？像察言觀色、應對進退這套功夫就無法速成，除了天份還要勤練功，日積月累之下，的確會呈現一種凡事從容的大器，有了這身絕活可是到處受用，終身吃香呢！

　　LCC市場定位十分清楚，目標客群是年輕人，因此格外重視與航空迷互動。它的崛起，對空服形象不啻是解放，就算找代言，也以網路社群為目標，展現空服的日常，還有一些後台趣聞，前台客艙也會熱舞，舉辦各種機智問答，貼近年輕客群的心，有別於傳統航空凸顯的優雅。如此一來，前後台角色更繽紛多樣，當然，有人忍不住會說，太多角色切換，會不會更自我混淆，覺得和內心深處的靈魂有疏離感，就好比演藝人員常說幕前幕後反差大，台下倍感孤寂云云，這也是個存在的事實，而且和你的空服生涯如影隨形，至於該如何克服，這又是another issue了。

心情聊天室

　　因為工作地點不在台灣的原因，導致必須在坐完月子的兩個月之後就要跟兒子分隔兩地，在兒子國中以前，除了上班我沒有自己的時間，下班回到家趕緊換下制服又往機場趕搭最晚的一班飛機回台北去，回到家都已經是凌晨兩點了！

　　累啊！怎麼不累？所有的一切都是為了能夠早點看到可愛的兒子，休完兩天假又趕回去上班，因此在那些年裡常生病！每年都要看上十來次的醫生，因為我從未能好好休息過，三十天的年假更不是計劃去哪兒旅遊，全都回台北陪兒子，送他上學，接他放學，每天讓他點菜，給他做好吃的，陪他背書，寫功課，母子倆在暑期窩在房裡看日劇……，現在回想起來都驚訝著自己哪來的毅力跟體力？可以這樣每個月來回跑三次，過年前還得回台北跑菜市場給先生、兒子做好了起碼三道菜好讓他們在過年時有東西可吃，而自己卻是拉著行李回到工作崗位上班去了。

　　在工作上我努力做好Chief應做的事，下了班回到了台北，我更努力地做好一個當太太、媽媽的角色，那也是為何自己常年不在台北、不在兒子的身邊，現在兒子都快16歲了還跟我這個當媽媽的感情很好，是非常好！我想……兒子應該也在這些年裡感受到了我這當媽媽的努力吧？嗯～應該是這樣的。

十、休閒的自由與不自由

面對生活節奏愈來愈快的今天，我們常聽到「壓力」、「抗壓」之類的話語。然而壓力來源多且複雜，而且還很主觀，因此紓壓的方式未有一定，但肯定的是，我們每個人都需要休閒，因為它可以釋放壓力，進而改善生活品質。

休閒功能的分類方式很多，大致不脫心理、身體和社交這幾個範疇。其實不見得非得怎樣，才算得上是休閒，它無時無刻都在，特定時空下，非但兩人以上的互動可稱休閒，甚至一個人和自己互動也行，只要能遵循自由、創造與規則等要素都算，因此諸多休閒現象，很難盡述其詳，任何單一典範、模式、途徑、理論或方法皆無法深究。

休閒的基本定義是自由、非功利性。如果種種作為都完全違反這些、動心起念背後皆有所圖，並未發自真心，充其量只能說是消遣、殺時間，無法達到休閒最高境界——心流體驗（flow experience）。

那麼，什麼是心流體驗呢？

簡單來說，當你從事某種休閒活動，沉浸到忘我，對時間無感，進入不知今夕何夕的狀態，伴隨而來的，是一股像電流般的愉悅，像是攀登頂峰那樣的無法言喻，此種深度滿足，絕不是窩在家中追韓劇、約朋友八卦喀鍋可以辦得到。

酒足飯飽當然也會有滿足，只是口腹之慾很淺薄，通常來得快也去得快。能夠產生心流體驗的休閒活動，必須具有挑戰性，因為有難度，必須全心參與，激發創造力，才能完成。

成功得之不易，情感強度高，產生的正面影響有持續性，能夠提高生活品質，才是休閒的極致。

(一)你有所不知的休閒

　　職災是近年來大家關心的話題，試論有關空服的職業傷害，除了高空環境有輻射、艙壓、乾燥空氣、時差等等會影響健康之外，還有不固定輪班（irregular shift）帶來的熬夜、荷爾蒙失調、睡眠障礙等等。此外，長期站立、搬運重物，對手、足、腰、背都是負擔，這些都是看得到的，還有一些看不到的心理層面，例如客艙服務有情緒與美學勞務，同事相處是否有默契？能否在有限時間完成既定工作？遇上颱風或班機延誤怎麼辦？甚至空難的發生等等，日積月累都是壓力來源。

　　在私領域方面，常常會覺得家庭與社交難兼顧，對親近之人有虧欠，有時覺得這份工作沒自我成長沒成就感，愈飛愈覺得孤單，與社會脫節，這種異化疏離感很難說得清，卻是常常情緒低落的原因。身體累可以靠吃睡補回來，心裡累，累得是一串串心結，可沒那麼好解。

　　前言提及，都成為空服的休閒阻礙，休閒不自由的種種。一般而言，上網、閒聊是很常見的消遣，不過充其量只是殺時間，完全沒有挑戰的東西，躺在沙發吃垃圾食物，握著遙控器胡亂選台，不但得不到絲毫成就感，還會有負面的罪惡感。淺薄的快樂很短暫，對生活品質沒有幫助，還不如運動等戶外活動，更正向積極，但受限於客觀條件，有時候輪班輪到晝夜不分，感覺七魂少六魄，還要逼自己養成規律運動的習慣，哪是說說那麼容易。

　　很多人以為休閒就是吃吃喝喝看電視，其實不然。

　　古典休閒談的逍遙無羈，對休閒的詮釋，必須是工作以外的時間，也就是所謂「暇餘」，同時還需自由意志支配，體現自主，因此根本在於心境。

　　當你對某種事情有使命感，完成會產生滿足感，才能體會什麼叫心境自由，如果只是把時間浪費在無意義之事，那麼連休息也會失去價值。

海外旅遊是空服一大福利，而且常常有機
會升等

圖片來源：倪惠兒提供

　　休閒不只是娛樂或活動，它是一段體驗的過程，藉著不斷與自我對話，可以讓平日工作產生的壓力得到釋放。

　　對空服而言，海外購物與旅遊是這份工作最吸引人的福利之一，也算是比較特殊的休閒選項，比一般上班族擁有更多休閒資源，這不僅僅是小確幸，而是身為空服的大大確幸。

(二)我shopping故我在

　　服勤班表有長有短，短的當日來回，多則十幾天，在外過夜的期間，按時給薪，除了提供旅館住宿，其他一切自理，所以外站生活相當自主，購物就是最常安排的活動之一。

shopping真的不是只有花錢買東西這麼簡單，尤其是在外站。

最簡單的二分法，是有目的／非目的性購物，有目的性購物往往早擬好to do list，目標性的一一完成孝親或社會義務，餽贈對象可能包括親朋好友，當然兼差跑單幫去幫然代購賺外快這種事，也一直都存在，如果正好碰上折扣期間，買幾樣好東西慰勞自己，更是理所當然。

非目的性購物是可買可不買，有時，只是想出門走走，透個氣，到超市買點礦泉水、水果什麼的，或者為了社交，和同事把機上沒講完的八卦扯完，趁機與當地友人相約敘舊，還有就是為了炫耀，穿上制服大家都差不多，穿便服可以秀一下自己有多潮，也或者根本什麼都不買，只是window shopping，享受感官上的滿足，享受一個人的心情。

若以自由、非功利性來說，非目的性購物的閒晃態度，比較符合休閒定義，但也沒那麼絕對，實際情況往往混和了義務、社交，甚至炫耀，還要看當下，因為可能原本什麼都不想買，結果跟著去了outlet狂買，也可能比價後發現，好像網上購物更划算，不少空服都練就一身比價

非目的性shopping比較符合休閒定義，但也沒那麼絕對

好功夫，品牌價錢倒背如流，而且還會時時update資訊。如果逛街只懂買和吃，和達人境界是不同的，術業有專攻，怎樣把錢花在刀口要本事，出門是來做功課的，瀏覽不是光看，腦袋同時還要有很多盤算、規劃，更需要日積月累。

　　空服在外站購物是很有趣的事，非常值得深究，總的來說，購物是自己可以掌控的事，去哪買？買什麼？怎麼買？預算多少？都和個人意志有關，購物背後是深層自我展現，脫掉制服，從屬關係不再，便服是另一個休閒的舞台，你可以打造另一個我。

便服是另一個休閒的舞台，你可以有另一個我

(三)我travel故我在

　　因為空服工作場域特殊，對公私領域的感受尤其強烈，這也是前面提到的前後台概念，外站生活有工作與休閒，兼而有之，但最心中無罣的後台，當然是國外旅遊這部分，很多人當初報考空服，或者繼續留下來當空服，為的就是機票福利啊！一般員工機票的使用不只自家航空，還包括聯航，所以可以去很多自家沒飛的航點，不過只限空位搭乘，旺季使用要心臟夠強，但看在如此低廉的機票福利上，每用一次就覺得無限感恩，幸運滿滿。

　　加上資訊取得便利，旅遊變成說走就走的事，就算一個人也無妨。

　　身體是感知萬物的依據，而且和處境當下無法切割，旅行的感官刺激會觸動許多與個人記憶有關的事物，被活化的知覺更加敏銳，很

期待與回味，都是旅行的正面能量

容易有反思，幫助發現新自我，所以旅行是一種自我療癒的方式，特別是一個人的時候，你可以輕鬆擺脫所有慣性束縛，回歸體驗本質，每一個當下知覺的觸發，融合先前想像與個人回憶，形成全新知覺，就算是觸發的回憶，也是新經驗之始，點點滴滴匯聚而來的新鮮事，讓每次旅行的感受都不同，是最迷人之處。

　　以現象學觀點來說，旅行的運動輪廓是預期，結果卻未有一定，而且往往意料外的，更加引人入勝，變動不羈是現象本質，也體現了旅行的創造性。

　　旅行除了遊山玩水，更重要的是和自己相處，他方不同的景物，有

獨特時空感，心中有迷離，思緒間歇穿梭，靈感趁虛而入，改變原來既有身分與視角，你不再是穿制服的你，不用再八面玲瓏，打破了熟悉的常軌，過程也許有驚喜、有意外，心裡的轉折起伏，一切都變得清楚不過，特別在自我調適的反覆過程中，某些隱而不察、連你自己都隱然不知的習氣，一一浮現，而且泰半是缺點，你會突然驚覺，啊～原來我是這樣一個人，原來大家是這樣看我的。

　　經過換位思考，體會世界之大，自己何其渺小，短暫的喜怒哀樂算什麼，又何須計較這麼多，想通，心就開了。

　　去之前有期待，去之後有回味，都是滿滿正面能量，加上舉手投足之間流露出見多識廣的自信，質感的提升不只生活，還包括你自己。

經過換位思考，旅遊可以提升生活品質

十一、前進與西進——Private Jet

　　在台灣，富商名流擁有私人飛機（Private Jet）早已不是新聞，此外，近幾年陸續有不少國際影、歌、球星搭專機來台，最近的一次，是2016年在小巨蛋舉辦演唱會的瑪丹娜，同年鴻海董事長郭台銘也將原有美國灣流航太公司（Gulfstream Aerospace）機型升級，從此可以遠距直飛，中途不必加油，就可以從台灣飛到北美。郭董成為大中華地區，首位擁有灣流G650ER的名人。

　　對於一般升斗小民來說，私人專機是天上星星，遙不可及，對台籍空服而言，卻出現了另一種轉職的可能，只是這樣的工作機會，多數必須離鄉背井。

(一)知己知彼，兩岸Private Jet

　　私人飛機最先由歐美等地興起，主要是富豪希望搭機時不必受限於航空公司，在呼朋引伴或是討論商業機密時，不必擔心受干擾，光是這點，比起傳統航空公司，私人飛機的確擁有更多，再加上出入境有專人服務，來去自如，非常便捷。

　　至2010年底，全球私人飛機已超過35,000架，主要製造商來自北美。光是購買一架飛機還不夠，它還需要許多專業的配套，像招聘機組員、維修或行政等等管理。基本上航空器可比照汽車，或租或買，皆可委託管理，只要口袋夠深，擁有私人飛機沒有想像中難。

　　目前台灣以企業名義擁有的私人飛機，至少有十間以上，只是不一定在台註冊，要看業主常跑哪些地方，多數喜歡兩岸跑，囿於航權複雜，有不同變通。中國因為幅員廣大，私人飛機很受富豪歡迎，已成為全球增長最快的市場，它會有某些在地化的需求，像是塗裝偏愛紅、金等

色，要展現貴氣；同時，很喜歡友朋、家人攜伴，去的地方不會太遠，機上人數卻不能太少，因此麻將、卡拉OK這些機上娛樂成為常見配備。

近年對岸經濟崛起，擁有私人飛機風氣迅速蔓延，未來總數可能多達千架，以航空就業市場而言，值得多加關注。其中海南航空早在1995年，就成立了金鹿航空（Deer Jet），專門提供所謂「公務機」服務（或稱行政機），目前機隊規模居亞洲之冠。

(二)Private Jet空服需要哪些特質？

承上之故，香港地理位置特殊，是大中華地區的樞紐，就常看到Private Jet招募空服的廣告，而且全職兼職都有。一般要的是有飛行經驗的空姐，而其他條件方面，像國籍、語言、年齡等等，則視業主需求，沒有一定，不過多數喜歡指定女性空服。

基於種種理由，Private Jet在香港招募的源頭較多，大致區分如下：

1. 公務機公司：主要分為客人租機（客包），或業主委託管理（託管）。
2. 飛機租賃公司：商業模式通常是數位業主共同持有航空器所有權。
3. 飛機製造商：提供購機者體驗飛行的Demo Flight。
4. 業主自行招聘：各種方式都有，完全彈性處理。

普遍而言，在香港開缺的福利較好，無論住宿或津貼都甚優，特別是歐美飛機製造商在談購機買賣時，需要讓購機者體驗飛行，試飛需要搭配優質空中服務，因此給予的待遇十分優渥，不過因為職缺少，機會可遇不可求。最常見的職缺，還是來自公務機與飛機租賃公司，尤以大陸公務機為大宗，有所謂三足鼎立，除了前言所及的海航金鹿，還有山東與上海航空。

　　公務機又分為客包與託管。「客包」與搭計程車概念相仿，時段、人數與地點都不固定。「託管」種類也很多，只是顧客群相對固定，目的地亦然，所以不管怎樣，去應徵公務機之前，居無定所的心理準備一定得有。

　　台灣傳統與廉航的空勤有何異同，已於先前章節說明，不另贅述。私人包機在台不多見，多數傾向短租。至於Private Jet擁有者的身分，泰半是企業負責人，擁有的機型較小，若跨洲飛長程，需要多次停泊加油，還不如直接乘坐傳統航空公司噴射客機，來得更經濟舒適，所以他們自己的飛機只會飛一些中短程航距的目的地。

　　有些台灣業主對於Private Jet空服，會希望有文書專業，這樣趁飛行空檔，可以一併完成相關業務，所以即使每月飛行時數不高，沒飛的時候可能還要進辦公室，大體上是個上班族，空服專業只是附帶，偶而公出飛一飛，一人兩用，薪資與工作內容，可能會跟求職者期待有落差，因此這些狀況都要在招募時說明，雙方你情我願，才能覓得合適人選。

Private Jet空服招聘視業主需求，不過多數喜歡有資歷的女性空服員

Private Jet招聘第一步是資格審核，通過後會通知面試，至於面試的方式與主考官，因為招聘來源不同，未有一定，不過出錢的最大，時間與地點要配合業主，訓練也是，而且多數在境外，有心從事者需時常注意招聘資訊，及早準備。

(三)空服西進的叮嚀

大陸Private Jet有分大陸與香港公司，有時也會有不飛要辦公的問題，進不進辦公室，除了收關有沒有自己時間，還需考量天候與大眾運輸，沒去過北京的人很難想像霧霾天的可怕！正因如此，中國航空市場太大，無法盡述，僅就金鹿公務航空做為討論對象。

早期台灣空服想要進入這個市場，必須主動出擊，或央人媒介，如今2016年年初，金鹿已正式來台招募8～10位台籍女空服，也算是見證時代的轉變。

內行人自招聘要求中，是可以看出某些微妙的：

1.需知名航空公司連續五年以上空服經歷。

2.具國際線頭等艙兩年以上經歷。

3.統籌計劃與人際溝通的能力。

4.處理多重任務的抗壓性。

5.餐飲與佐酒搭配的專業。

6.中英文聽說讀寫流利。

上述第1、2、5和6項，對多數台灣資深空服來說，只是基本盤。台灣空服素質有口碑，是大陸來台招募的主因。重點在於第3、4項，光看敘述有點籠統，但是只要涉及溝通，就有文化差異，而且眉角很多，久居共事跟蜻蜓點水不同，無論在心態或各方面，都需要一再調適。

至於求職者最關心的薪資，一般都是底薪加上各種津貼，而且面議。針對台籍，平均會有十幾K，表面來看是比台灣本地好很多，也比大陸當地好，而且簽約兩年，年假和機票福利都有，實際上年假好不好請，海航機票好不好用未知（一般公務機無員工機票福利，僅限空機搭乘），至少展現了誠意，但是總部在中國北京，也可能調派上海，這兩地物價之高，令人乍舌，如果不撙節著用，西進大陸除了滿腹經驗，落入口袋的實質不如想像。

　　撇開錢不談，空服西進可以跳脫舒適圈，開拓眼界，一人當家不再強調Team Work，學習當一個全方位的獨立工作者。尤其擔綱私人飛機的空服，身兼空勤、餐勤、航勤、管家於一，從規劃餐飲、打掃洗碗、滿足客製需求，甚至下工後的應酬周旋，大小事全一把抓，手腳麻利，要好要快。

Private Jet空服身必須兼機上瑣事，包括清潔打掃

Private Jet太有彈性，對搭機的人方便，對後勤其實不便，所以空廚根本不願接這筆生意，大多是直接向餐廳訂餐，也就是說，空服要身兼微型空廚的工作，小到切蔥薑、擺盤插花等等，還要顧及衛生品質，平時也要做功課，儲備大量資料庫，吃什麼餐，佐什麼酒，要什麼就要馬上有什麼，怎麼去變，是你自己的事。有時實際飛行短短幾小時，可能前後要忙好幾天，這中間都要經歷多少統籌、溝通，都會是壓力，有時可能比實際飛行還累，若事先準備不足，上機只有一翻兩瞪眼，哭都來不及，也無人可怨，做不好，也許倒楣遇上嚴重客訴，就得打包還鄉，情緒勞務指數保證破表。再者，班表隨時異動，別人的方便是你犧牲換來的，沒有太多私人的自己，是個另類台商，就算家人體諒，心裡有長期奮鬥打算，久了，還是會影響，有家眷的不能不多想想。

Part 2

機場運務實務

王姍姍

一、國際民航簡介

二、航空站與運務簡介

三、出境班機作業

四、入境及轉機班機作業

五、特殊服務

✈ 一、國際民航簡介

　　飛機是人類20世紀所取得的最重大的科技成就之一。萊特兄弟在1903年發明飛機的最初幾年中，各國的軍方一直是航空發明的主要資助者，隨著軍事需要減少，才開始應用於民間的郵政及交通運輸，依照國際民航組織（ICAO）第七號附約規定，航空器依其升力來源之不同，可歸類為飛機、旋翼機、滑翔機、氣球或飛艇等四個「類別」。

　　航空運輸（air transportation）始於1871年。航空運輸業的定義，依據民用航空法第2條第十一款之規定，民用航空運輸業係指以航空器直接載運客、貨、郵件，取得報酬之事業。民用航空運輸業是法定名稱，一般稱為「航空公司」。

　　民用航空公司是以各種航空飛行器為運輸工具，為乘客及貨物提供航空服務的企業，航空公司必須要一個官方認可的運行證書或批准核可。航空公司使用的飛行器可以是自己購買的或是以租賃的方式，航空公司可以獨立提供服務，或者與其他航空公司組成聯盟。現在的運輸業務也沿伸多元化服務，包含對車站、港口的服務，以及貨物之倉儲裝卸管理等多方面功能；運輸學是研究如何能將人或貨物以最迅速、安全、經濟、便利、舒適地從甲地運送到乙地，藉以提升物品的經濟價值及人的可用時間，創造空間及時間效用的一門學問。

　　航空運輸的特點如下：

1.運送速度：時間成本如果是企業考慮的重要因素，那航空運輸的運送速度儼然能成為國際市場上商品競爭之有利因素。

2.適於生鮮物品、季節性商品：生鮮物品對時間的要求相對更高，運輸延遲會使商品失去價值。尤其針對季節性商品，航空運輸更能保證在銷售季節到來時上市。

3.破壞折損率低、安全性高：採用航空運輸的貨物本身其價值也是相對高，航空運輸的地面操作流程環節較為嚴格，管理制度也比較完善，這會使貨物的折損率低。

　　航空運輸的缺點有投資金額高、載運量小、運費比較高、易受天氣的影響等。

1.班機運輸方式：班機是指在固定的航線上定期航行的航班，即有固定起始站、目的站和途經站的飛機。班機的定期航線可開航，收、發貨人確切地掌握起運和到達時間，保證貨物安全迅速地運達目的地。
2.包機運輸方式：包機運輸可分為整架包機和部分包機。
　(1)整架包機：指航空公司或包機代理公司，按照與租機人雙方事先約定的條件和運價，而整架飛機租賃給租機人，從一個或幾個航空站裝運貨物至指定目的地的運輸方式。
　(2)部分包機：指多家的航空貨運代理公司聯合包租一架飛機，或是包機公司將一架飛機的艙位分別賣給幾家航空貨運代理公司，適合一些貨品數量不大無法裝一整架飛機的貨主。

(一)航空公司概述

　　民用航空運輸業係指以航空器直接載運客、貨、郵件，取得報酬之事業。可分成：

1.定期航班：定期航線飛航，由航空公司安排起站點經折回點至目的地航線。
2.不定期航班：當定期班機供不應求，航空公司則會視市場需求增開臨時加班機輸運旅客。

　　3.包機航班：所謂之包機（charter）是租用整架飛機；而上述包機單
　　　位之團體僅單獨租用飛機之座位，並由固定的飛機，在同日同時由
　　　同一機場起飛在指定時間抵達相同之目的地。此乃稱為部分租契空
　　　運。

◆台灣國際航空公司簡介

①中華航空（China Airlines）

　　台灣第一家航空公司成立於1959年12月16日，是由一批中華民國退
伍空軍專業人員設立，初期營運以包機作業為主，在1966年開闢第一條台
北至西貢（今稱胡志明市）國際航線，正式步上國際航空舞台，1988年
27位股東捐出股權，成立「財團法人中華航空事業發展基金會」，將監督
管理權交給社會，為落實企業民營化於1993年正式掛牌，成為我國第一家
上市的國際航空公司，1995年更是將「企業識別系統」（CIS）改為「紅
梅揚姿」，2004年榮獲英國曼徹斯特機場評選為最佳航空公司，2005年協
助推廣台灣農業，推出全球首架蝴蝶蘭彩繪機，2011年正式加入天合聯盟
（SkyTeam），成為台灣第一個加入國際航空聯盟的業者。2014年新世代
777新機客艙設計獲頒2014年金點設計獎之「年度最佳設計獎」、蟬聯美
國知名旅遊雜誌*Global Traveler*「北亞最佳航空公司」大獎。新世代777-
300ER新機客艙設計榮獲2015年紅點設計大獎、親子臥艙設計榮獲美國
Global Traveler「休閒旅遊卓越創新獎」。新世代創新美學獲頒國家產業
創新獎。獲TheDesignAir 2015旅客首選十大最佳航空全球第二名。獲美國
*Global Traveler*讀者調查三冠王。華航成立五十七個年頭，經營航點為29
個國家114個航點，員工人數更高達12,533人，航機達到92架，相繼轉投
資航空相關事業，觸角遍及世界各地（節錄自中華航空官網）。

②長榮航空（EVA AIRWAYS）

　　長榮集團創辦人張榮發先生於1989年成立台灣第一家民營航空公

司，1991年7月1日長榮航空正式起飛，營運至今，於1992年推出全球首創的「第四艙等」——豪華經濟艙，並於2005年升等並改名為「菁英艙」，長榮航空「菁英艙」獲得英國知名航空服務調查機構Skytrax公司之「2008年全球航空公司服務評鑑」評選為全球「最佳豪華經濟艙」（Best Premium Economy Class）第一名後，又再度摘下美國*Global Travler*專業旅遊雜誌「2008年全球最佳豪華經濟艙」，顯示受到的廣大肯定。2013年6月18日長榮航空正式加入全球最大航空聯盟——星空聯盟（Star Alliance），長榮航空於2005年及2011年分別與日本三麗鷗公司聯手推出全球獨創的Hello Kitty彩繪機，曾於2007年榮獲英國*Wallpaper*雜誌的「最佳機身彩繪設計」大獎，及於2016年獲英國《每日郵報》評為「全球八大最驚艷彩繪機」。長榮航空於飛安上的投注與努力，安全績效屢獲海內外業界肯定。連續多年榮獲德國權威航空安全資料中心（Jet Airliner Crash Data Evaluation Centre）評選為「全球十大安全航空公司」，自2015年起更獲得第三名的佳績；此外，全球頗具指標性的航空公司評鑑網站AirlineRatings.com公布年度20家世界最安全航空公司，長榮航空亦獲得七顆星滿分（節錄自長榮航空官網）。

③遠東航空（Far Eastern Air Transport）

　　1957年6月5日，胡侗清創立遠東航空公司，除了經營客、貨運外，從事的業務包括空中運報任務、國內外包機、空中照相、森林防護、海上搜尋、支援石油鑽探等運補等工作，也接受軍方、民航局、省府委託，執行維護飛機、直昇機，並受委任從事國外航空公司飛機及發動機的維修工作，累積了豐富完整的經驗，並在1970年代成為中華民國國內航線的龍頭。1986年，創辦人胡侗清驟然辭世發生家族股權糾紛，當時政府的「開放天空」政策，使得多家航空公司共同搶食國內航線大餅，市場競爭更加白熱化，使市占率大幅滑落到40％。時任遠東航空總經理的蔣洪彝將管理權與股權分開，使公司業務運作不受股權紛爭影響。1995年，中華開

發及南山人壽集團取得遠東航空經營權，開闢兩條國際定期包機——高雄至帛琉及高雄至蘇比克航線；1996年獲得經營國際定期航線的資格及飛安評鑑甲級，而於同年9月將兩條包機航線升格為定期航線，同年12月股票正式上櫃。2008年5月12日，遠東航空宣布因經營高層掏空事件欠缺資金導致資金問題停飛，自5月13日起暫時停止營業。5月26日，台北地方法院駁回遠東航空申請的公司重整案。歷經經營波折，樺福集團董事長張綱維接手營運，在2015年10月，經台北地方法院裁定重整成功確定。2015年，遠東航空榮獲美國航空維修雜誌《2015世界航空維修指南》台灣區專業維修認證，2011～2015年，營收持續亮眼，《工商時報》報導：2014年遠東航空獲利年增429％，表現成績亮眼（節錄自遠東航空官網）。

④復興航空（TransAsia Airways）

　　1951年5月21日成立，營運初期提供台北、高雄、花蓮及台東的航空客貨郵務業務，以及金門、馬祖不定期包機業務，並代理世界各國航空公司客貨郵務業務。1958年10月16日，復興航空改變經營方針，暫停國內航線，加強代理事業；並於1966年在台北松山機場興建空中廚房，供應國際航機餐點；1979年配合桃園國際機場啟用，遂於桃園南崁興建空中廚房一座。1988年8月25日，復興航空恢復國內航線營運。復興航空於1992年1月28日包機首航菲律賓佬沃，而於1994年11月4日升等為國際定期航線。其間復興航空陸續增闢國際定期航班（節錄自復興航空官網）。

　　復興航空連續兩年發生空難，加上2016年航空市場需求緊縮，載客率不佳，在2016年11月22日正式宣布停飛，退出航空業。

⑤立榮航空（UNI AIRWAYS）

　　1995年長榮集團購買馬公航空之股權，於1996年3月將馬公航空更名為立榮航空。1998年7月1日，為了提升競爭力，並響應政府的航空資源共享政策，立榮航空與台灣航空以及大華航空合併，合併後以立榮航空為

存續公司，長榮航空則全面退出國內線，原航線由立榮航空承接，立榮航空已成為國內線中航線最密集的航空公司。2000年9月，立榮航空在全公司作業，包括訂位、機場作業、空中服務、航務、航機維修及飛安的檢核中，以全方位的優異表現，獲得ISO 9001：2000認證，為國內第一家取得全公司認證的航空公司。2004年政府開放小三通後，立榮航空設計出「金廈一條龍」（即可一次訂好船票、機票及金門水頭碼頭與尚義機場間的雙向接駁、行李運送等服務）的營運模式，成為當時立榮航空重要的獲利來源之一。2012年3月30日立榮航空推出全新企業識別標誌，傳達歸屬長榮集團的企業精神，也代表不論在空中飛行或公司營運規劃上，傳承長榮航空國際級服務水準，並積極進行機隊汰換計畫，於2011年9月與法國ATR公司訂購ATR72-600，將陸續取代現有機隊，成為國內航線主力機型（節錄自立榮航空官網）。

⑥華信航空（Mandarin Airlines）

　　成立於1991年6月1日。最初是由中華航空與和信集團共同出資成立，故而命名為「華信」航空，1992年10月31日和信集團自華信航空撤資，自此成為華航獨資之子公司。1999年8月8日華信航空與國華航空合併後，華信航空為存續公司，華信航空轉型為經營區域性國際航線及國內航線為主的航空公司。華信航空在2002年6月29日的台港航權談判中，獲得高雄到香港的航權，成為繼中華航空及長榮航空後第三家經營台港航線的台灣航空公司。華信航空公司從2007年6月開始引進巴西航空工業公司（Embraer）製造E190全新飛機，成為主要機隊。承租華航集團中華航空飛機飛航兩岸及亞洲區域航線（節錄自華信航空官網）。

◆低成本航空公司

　　近年來流行的低成本航空公司（LCC），則採取單一機種為主力機型的策略，停靠二線機場或區域性機場為主，盡量縮短地面作業時間，增

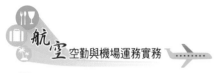

加飛機調度週轉率的手段，讓機票價格降低，同時還能有一定的獲利的商業模式；現今低成本航空發展得如此迅速，有一部分原因來自於它創新的營運模式——廉價，更為貼切的詮釋應該為——它是種提供透明化價格、讓旅客能夠視自身需求或行程調整服務內容，進而在航程中將資源效率發揮到最大的客製化模式。

由復興航空獨資成立台灣第一家低成本航空公司，威航（V AIR）於2014年12月17日正式開航，開航初期將以空中巴士A320、A321為主力營運機隊，但因亞太區域的低成本航空競爭太過激烈及本身虧損太龐大，營運不到兩年的時間於2016年10月終止營運，與母公司復興航空合併（節錄自威航官網）。

華航集團在2013年正式宣布進軍平價航空市場，與新加坡虎航集團共同合資成立台灣虎航（Tigerair Taiwan），2014年9月26日台灣虎航開航，營運至今，在威航停航後台灣虎航成為台灣地區唯一的低成本航空。

◆普通航空業

指以航空器從事空中遊覽、勘察、照測、消防搜尋、救護、拖吊、噴灑及其他經專案核准除航空客、貨、郵件運輸、商務專機以外之營業性飛航業務而受報酬之事業。

普通航空業大多從事空中勘測、工程吊掛、空中偵巡、醫療救護專機、航空攝影測量、消防、搜救、災害調查、颱風觀測等業務。從事航空公司有德安航空、中興航空、凌天航空、漢翔航空、飛特立航空。

在2009年增修「商務專機」服務，根據民航法64-1條解釋，普通航空業經營商務專機業務，應以座位數19人以下之飛機或直昇機提供單一客戶專屬客運服務，不得有個別攬客行為。表示開放個人或企業擁有私人飛機，也開放民航業者依照時間、架次計算提供客戶或特定需求的企業或個人服務。長榮航空自2012年4月在松山機場，成立長榮台北商務航空

長榮台北商務航空中心
圖片來源：王姍姍攝於松山機場

中心，負責商務客機租賃及代理業務，為商務專機貴賓尊榮、私密、快速
的入出境通關服務，並可進行商務私人飛機維修及簽派業務。

◆ 航空站地勤業

　　指於機坪內從事航空器拖曳、導引、行李、貨物、餐點裝卸、機艙
清潔、空橋操作及其有關勞務之事業。與航空公司最為密切的就是「航空
站地勤業」，簡稱「地勤公司」。地勤公司有很多家，欽發產業股份有限
公司、福恩機械工程股份有限公司、金怡合企業股份有限公司是專營空橋
操作的部分，華夏股份有限公司是專營機艙清潔，其他像立榮航空則自設
地勤業務這一部分。

　　桃園航勤公司、長榮航勤公司、台灣航勤公司這三家公司，其業務
相當廣泛，列出各家公司之基本服務項目如下：

　　1.旅客服務項目：提供傷患輪椅、擔架服務。

航機引導人員

機坪作業車輛

散裝行李車

貨物盤貨入艙操作員

2.客艙服務項目：餐點、服務用品裝卸服務；機艙深度、中度與一般
清潔服務；機艙垃圾運送傾倒服務。

3.機坪作業項目：航機進、離場引導；輪檔、滅火機作業；航機進、
離場車道管制；航機飲水處理及飲水加添作業；航機清廁作業；航
機電源車、氣源車、冷氣車作業；航機煞車冷卻作業；航機擋風玻
璃擦拭作業；航機離場推機作業；航機移位作業。

4.貨物服務：進出口郵件調集、託運服務；場內、外貨運倉儲之轉運
服務；進出口貨物拆理、打盤（櫃）服務。

(二)航權介紹

依國際民用航空公約第6條：「除經締約國之特准或其他許可，並依照其規定，不得在該國領域上空或領域內經營定期國際航空業務」規定，凡航空公司在他國領域內或其上空從事經營定期國際航空業務，必須取得領域國之許可或特准，而其取得方式不外簽署國際民用航空公約之多邊協定，或是兩國間個別簽訂雙邊協定。而航空協定簽訂之內容即在於規範有關雙方航空器飛航之權利。

國際間航權之定義如下：

◆第一航權（First Freedom）：飛越權

不降落而飛越其領空之權利。如由甲國至丙國，必須通過乙國之領空，此種得以通過乙國領空之航權即為第一航權。

例如：台北飛紐約，中途飛越日本領空，那就要和日本簽訂領空飛越權，否則只能繞道飛行。

◆第二航權（Second Freedom）：技術降落權

為非營運目的而降落之權利。如由甲國至丙國路程較遠，必須在乙國降落加油或補充其他補給品始能續飛，此種得以在乙國降落加油之航權，即為第二航權，而依據第二航權降落之客貨機，不得在當地裝卸客貨及郵件。

例如：台北飛紐約，無法直接飛抵紐約時，中間需要在安克拉治加油，但不允許在安克拉治上下旅客和貨物。

◆第三航權（Third Freedom）：卸載權

將載自航空器登記國領域內之乘客、郵件及貨物卸下之權利。如自

甲國至乙國之客貨機，可在乙國降落並卸下客貨郵件，但回航時不能在乙國裝載客貨郵件之航權。

例如：松山飛東京羽田機場，日本允許台灣民航承運的旅客、貨物在東京進港。

◆ 第四航權（Fourth Freedom）：裝載權

裝載乘客、郵件及貨物飛往航空器登記國領域之權利。如甲國的航空器得在乙國的航空站降落，並裝載乙國之客貨郵件回航甲國之權利，但不得將來自甲國之客貨郵件在乙國航空站卸下。

例如：松山飛東京羽田機場，日本允許旅客搭乘台灣航空公司的航班出境，否則航空公司只能空機返回。

◆ 第五航權（Fifth Freedom）：第三國經營權

裝載乘客、郵件及貨物飛往任何其他締約國領域與卸下來自該領域之乘客、郵件及貨物之權利，惟其班機之起點或終點必須於航空器登機內。如甲國的航空器得在乙國的航空站降落，不但可卸下來自甲國之客貨郵件，且得裝載乙國之客貨郵件繼續飛航丙國之航權。

例如：國泰航空經營的香港—台北—日韓航線，就是第五航權的運用。

◆ 第六航權（Sixth Freedom）

在航空器登記國外之兩國間載運客貨郵件，且中經其登記國之權利。

◆ 第七航權（Seventh Freedom）

完全在航空器登記國以外營運獨立之航線，在境外兩國間載運客貨

之權利。如甲國之航空器，在乙、丙兩國之間載運客貨郵件的權利。

◆第八航權（Eighth Freedom）

自一國領域內之一點載運乘客、郵件及貨物，運至該國領域內另一點之權利，亦稱為境內營運權。一般而言，各國之國內航線僅限於本國公司經營，因此，外國航空公司僅可裝卸由國外運入或由本地運往國外之客貨郵件，不可在其境內之兩降落點間載運當地之客貨郵件。

(三)全球三大航空聯盟

航空公司為擴大其競爭力，將分屬不同國家的航空公司結盟，藉由共用軟硬體資源與航線等方式，強化聯盟各成員競爭力，航空聯盟中大多數的客運聯盟外，亦存在貨物航空公司之間組成的航空聯盟，例如天合聯盟貨運以及WOW航空聯盟。

航空聯盟提供了全球的航空網絡，加強了國際的聯繫，並使跨國旅客在轉機時更方便。目前全球最大的三個航空聯盟為星空聯盟（Star Alliance）、天合聯盟（SkyTeam）、寰宇一家（oneworld），如下所述。

◆星空聯盟

成立於1997年，是第一個全球性的航空聯盟，目前有27個會員航空，為了推廣星空聯盟的合作與統一形象，聯盟也在航空公司最重要的活看板機身塗裝方面做了一些變化。首先，所有會員航空所屬的飛機機身上皆繪有代表聯盟的五角型標誌，而除了一般標準版本的機身塗裝外，所有星空聯盟成員都必須將旗下至少一架飛機改為星空聯盟的統一特殊塗裝，以提升星空聯盟的統一形象。國籍航空公司長榮航空於2013年加入該聯盟。

星空聯盟會員航空
圖片來源：王姍姍整理

◆天合聯盟

成立於2000年，目前有20個會員航空，所有會員航空所屬的飛機機身上皆繪有代表天合聯盟的彩帶圖樣。而除了一般標準版本的機身塗裝外，所有天合聯盟成員都必須將旗下至少一架飛機改為天合聯盟的統一彩帶塗裝，以提升天合聯盟的統一形象，也從此成為新加入航空公司的入盟儀式的重點。國籍航空公司中華航空於2011年加入該聯盟。

◆寰宇一家

成立於1999年，目前有14個會員航空，所有會員航空所屬的飛機機身上皆繪有代表寰宇一家的圖樣，國人所熟悉的國泰航空即為該會員。

天合聯盟會員航空

圖片來源：王姍姍整理

寰宇一家會員航空

圖片來源：王姍姍整理

✈ 二、航空站與運務簡介

　　一般民眾俗稱為機場，根據民用航空法第2條第二項所指具備供航空器載卸客貨之設施與裝備及用於航空器起降活動之區域。提供航空業、航空貨運承攬業、航空站地勤業、航空貨物集散站經營業等為使用對象，主要以航空業為主提供其需求。

　　台灣所有航空站皆直屬交通部民用航空局的行政機關，但在2010年11月，桃園國際機場從原來的行政機關改為國營事業單位，桃園國際機場公司正式成立，對台灣的航站發展來說具有歷史性的意義。依據「交通部民用航空局所屬航空站組織通則」第三條規定，民航局所屬航空站依航線種類、航機起降架次、客貨運量等之多寡，分為特等、甲等、乙等、丙等及丁等航空站。桃園國際機場目前屬特等航空站，國際機場配置有移民署、海關、檢疫、外交部領事事務局、航空警察局等等。

　　航空公司將機場的運輸營運作業稱之為運務，將任職於機場工作的員工職稱定為運務員，而一般民眾對於機場的工作人員則統稱為地勤；一般民眾所知道的地勤人員泛指劃位櫃檯、登機門、搬運行李、手推車等等，航空公司的運務工作指的是班機出、入境作業，訂位票務諮詢台、貴賓室服務、過境轉機服務、行李服務、裝載管理、航務作業等。所謂的地面勤務指的是在機場代理航空公司執行地面作業的地勤代理業務的公司，目前在桃園機場內有兩家地勤代理公司，一家為桃園航勤公司，一家為長榮航勤公司；代理業務主要協助航空公司的地面機坪作業為主。

　　航空站的主要業務還是以民航機為主，配合航機的到、離場作業，其程序還可分成航空公司及旅客兩大部分，由航空站提供相關服務，居中協調航空站內各個官方單位與航空公司的配合作業能順遂；桃園機場轉成民營後，管理公司也積極改善機場設施，如第一航廈改建、南北雙跑道改

建、航廈內旅客候機區改建、第三航廈增建等等，並協調各單位作業的流程能讓旅客感覺流暢，提供舒適、貼心的設施，展現民營後管理的企圖心。

(一)航空站基本認識

國際民航組織（ICAO）之用國際民航公約（Convention on International Civil Aviation）第15條規定，各締約國對於其所管轄供大眾使用之機場，必須為其他締約國旗下航空器提供一致之飛航環境，以使航空器可於機場內安全，有序且有效率地運作。全世界機場內的公環境統一是有其必須的，畢竟各國的機場那麼多，機長怎麼有辦法記得所有機場設施。

機場內的設施作業則是根據航機到場及離場的流程，設計其使用區域。

1.航機起降區域：
   (1)跑道（Runway）：提供航機起降的區域。
   (2)滑行道（Taxiway）：機場內提供飛機滑行與機場各部分間連結的特定路徑。
   (3)停機坪（Apron）：提供旅客上下機、裝卸貨物、加油、停機或維修等區域。
   (4)停機位（Stands）：航空器指定停放的區域。
2.旅客上下機區域：包含候機室、轉機區、行李提領區。
3.機坪地面作業：裝卸載貨物、行李區、機坪作業車輛行進道路。
4.貨機倉儲作業：進出貨艙交付檢疫等等。
5.塔台：負責機場區域的空中交通及機場內地面作業管制業務，用來監看以及控制飛機起降的地方。

6. 貨運站：貨物也跟旅客一樣，區分進口貨、出口貨，也會配置如海關、檢疫、安檢等官方單位。

7. 航廈：航廈大樓中分出入境大廳、出入境班機資訊、餐廳、免稅店、醫療中心、商務中心，航班另外也提供貼心的服務設施，如哺乳室、吸菸室、祈禱室、按摩中心、淋浴間，也不定時舉辦藝文活動。

(二)航空站官方單位介紹

機場的官方單位其實很多，有些單位處理在機場內工作單位或航空公司相關業務單位，也有與旅客息息相關的業務單位，畢竟在機場工作的不只有航空公司，免稅店、餐廳、清潔公司等等，這裡介紹一些單位是與旅客及航空公司密不可分的官方單位，無論旅客或是這些官方單位，有時需要透過航空公司的協助處理一些事務。

◆內政部移民署

旅客無論是台灣籍或是外國籍，想要進入或是離開台灣都需要經過證照查驗這一關，這查驗的工作就是由移民署負責。

不是所有的人都能順利出國或進入台灣，下列為常見無法順利出國的原因：

1. 被法院限制出境的人士：如通緝犯、欠稅。
2. 未持有效護照：國人在申報護照遺失後申請新護照並且已領取新護照，找到舊護照後卻仍想沿用者，就算舊護照效期仍在有效期限內，但舊護照已掛失就是失效無法再使用。
3. 外籍人士未持有效台灣簽證或護照效期不足無法辦落地簽：目前台灣開放46個國家來台免簽，但護照效期要求大多須滿六個月，如護

照效期不足時即會造成不能入境的窘境。

4.陸籍新娘面談遭拒絕入境。

5.曾經逾期滯留台灣的外籍人士：因為曾經滯留過台灣，將會被禁止再進入台灣，被拒入的時間會依照當初滯留的時間來決定，目前拒入的年限為一至五年不等。

6.簽證目的與旅行目的不符時被拒入。

　　不想因為查驗護照而大排長龍，可選擇申請「自動查驗通關系統」，又稱E GATE，目前不開放未滿14歲或身高未滿140公分的國人，也就是說帶小朋友出國的父母就只能走人工查驗台，而該系統不是只侷限於本國人民，外籍人士如持有外僑證、外僑永久居留證、就業PAS卡等等條件也可以申辦自動通關。

　　另外為促進觀光事業而開放「東南亞五國免簽證」，近年來也廣為外籍旅客使用，尤其在台灣轉機的24小時可以利用進行探親或旅遊的活動；這五國為印度、泰國、越南、菲律賓及印尼，必須持有有效的美國、加拿大、日本、英國、歐盟申根、澳大利亞及紐西蘭等國家有效簽證（包括停留、居留簽證、居留證及永久居留證），護照效期需有六個月效期，來台前須至「東南亞國家人民來台先行上網查核作業系統」登錄證照及個人基本資料，取得憑證並且列印出來後才能來台灣。

◆財政部關務署（海關）

　　對出境的旅客而言，很少會在出境的時候遇到海關，除非國人要申報出境物品或是外國旅客要辦理退稅，大多旅客在提領行李後會經過海關這關的查驗或有需要申報物品。

①出境

　　外籍旅客持外國護照在台期間於特定營業場所購買的物品，金額達到台幣2,000以上可享退稅的權利，旅客必須在購買商品後的183天內離境

機場海關退稅服務櫃檯

圖片來源：王姍姍攝於桃園機場

並且完成退稅手續。

　　國人可攜帶2萬元價值物品回國，如需帶高單價物品出國，為避免回國時無法認定造成認定困擾，出境前可至海關服務台辦理申報，申報後海關會提供證明，如照相、攝影器材、電腦等等。

②入境

　　入境行李也包含旅客的手提行李，海關都會抽查，違禁品如毒品、武器、保育類動物製品是不可帶進台灣的，海關會直接沒收，國人最喜歡帶的物品像菸酒、維他命，只要帶超過規定數量，海關會採用扣稅或存關方式，或是直接沒收不會讓你帶進台灣。

　　一般旅客入境沒有需要申報的物品就走一般台，需要申報的走紅色申報台，前面有提到出國時如有向海關申報物品，回來就要走紅色申報

緝毒犬

圖片來源：財政部關務署官網

台，而旅客如果有後送行李或是寵物，無論是走客機或貨機，因為不是跟旅客一起抵達的，一律需要先向海關申報。

　　目前機場關務署下有緝毒犬編制，由海關人員陪同執行任務，不定時在機場航廈、行李轉盤區、貨運站看到牠們認真執行任務的身影。

◆航空警察局

　　航空警察局負責業務為：

1.民用航空事業設施之防護。
2.機場民用航空器之安全防護。
3.機場區域之犯罪偵防、安全秩序維護及管制。
4.機場涉外治安案件及其他外事處理。
5.搭乘國內外民用航空器旅客、機員及其攜帶物件之安全檢查。
6.國內外民用航空器及其載運貨物之安全檢查。
7.機場區域緊急事故或災害防救之協助。

8.執行及監督航空站民用航空保安事宜，防制非法干擾行為事件及民用航空法令之其他協助執行。

9.其他依有關法令應執行事項。

航警局包含項目範圍廣，編制組織也很龐大，會依據航空站其屬性作調整，針對旅客與航空公司來說，最為相關的兩個大隊介紹如下：

①安全檢查大隊

主要負責查驗機場出境、入境旅客和機組員的行李，出國時所攜帶的行李都要接受檢查後才能上機，如果安檢人員對於行李內的物品有疑慮時，即會被要求打開檢查，而航空公司針對未通過安全檢查的行李，則會拒絕承載，櫃檯人員會善意提醒旅客確認行李過檢查。

手提行李的限制要求更甚於託運行李，旅客本身如果因為身體因素，如佩戴心律調整器、身障人士無法過金屬探測門，可提早告知安檢人員，會配合改為手檢。

1.液體：目前各國都規定手提行李內，液體單瓶不能超過100ml，可帶10瓶也就是1,000cc.，但是要求放置在密封的塑膠夾鏈袋內，這件事各國執行的標準就不一樣，台灣目前沒有強烈執行；在免稅店購買還有容量的限制嗎？答案是沒有限制單瓶容量。

2.行動電源：目前台灣是要求放在手提行李，但是鄰近國家中，則有規定必須放在託運行李內，所以出發前要瞭解，否則後果可能是被迫放棄。

3.打火機：可隨身攜帶一個打火機，不能放置在託運行李內，但是防風型打火機就不能攜帶上機，各國的規定仍然不同，還是要先瞭解往返國家的規定。

4.針頭：糖尿病需施打胰島素之相關醫療器材，只要準備醫生診斷及可隨身攜帶機上所需要的部分，其他則不被允許上機。

5.籃球：想要帶心愛的籃球出門，那請務必先放氣，無論是託運還是手提，如果是不能放氣的球，那就只能放棄了。

6.自拍器：目前亞洲人民最愛的自拍神器，只要長度超過25公分，就只能放置在託運行李內，無法隨身攜帶上機，大型相機腳架亦然。

②保安警察大隊

保安大隊，負責機場及周邊的維安工作，包含一、二期航廈、塔台、機坪、貨運站、停車場、飛航服務園區等，特殊勤務如故宮國寶、美術館珍貴藝術品等專案押送勤務。接受民眾報案，包含機場示威活動、機上糾紛，如旅客打架、偷竊、性騷擾、酒醉鬧事、霸機、旅客往生、炸彈威脅的航空公司報案，而近年來由於中東恐怖組織ISIS對各國機場發出恐攻威脅，機場加強維安巡邏等等，致力維護航空站安全，預防處於所有可能危害事件，加強治安及飛安維護，防治維安事故發生。

◆行政院農業委員會動植物防疫檢疫局（簡稱防檢局）

機場檢疫主要工作為維護旅客出入國境時防止重大疫病傳染，危害農業安全與人民健康，在入境的通道也會設置檢疫的棄置箱，讓民眾將未吃完但又不能帶入境，或怕旅客隨意丟在一般垃圾桶造成環境汙染，特意設計專用棄置箱可供旅客放棄，檢疫人員會定時回收，銷毀放置在有消毒劑的回收桶內。

防檢局在機場的提領行李區域有一個服務櫃檯，除了提供旅客檢疫資訊及相關文宣資料，旅客攜帶動植物申報檢疫的櫃檯，目前台灣地區禁止帶肉品、水果入關，其他海鮮農產品則有限制數量。

目前防檢區有檢疫犬的編制，由特定檢疫員帶領，如果被檢疫犬發現違禁品還不主動申報，將會有3,000元以上現金罰鍰，如發現活生動物又沒有相關檢疫證明，將會立即撲殺銷毀。

檢疫犬身著背心執行公務
圖片來源：動植物防疫檢疫局官網

(三)航空運務及專業用語概述

網路世界的發達讓旅行者開始習慣在網上購買機票及預訂行程，而多數國人還是會透過旅行社代購機票及處理證件相關問題，機場變成旅客第一次接受服務的機會，出境班機在報到櫃檯及登機門的位置，入境班機則在下機區域及提領行李轉盤處，與旅客近距離的接觸，接觸到旅客的時間並不長，如何在這短暫的時間能讓客人留下印象，是航空公司的課題。

首先是同仁的服裝儀容，燙整好的制服、乾淨整齊的頭髮、細緻的妝容、誠摯的笑容、和善的態度是航空公司對機場運務人員的基本要求。

航空公司營運操作除了定期航班外，也會因應實際市場需求而增開加班機加入營運，所謂的不定期航班，如遇到花季、特殊活動等等；另外也提供契約服務，所謂包機業務，由一家旅行社向航空公司租下整架飛機，固定的飛機機型，在同日特定時間由機場起飛在指定時間抵達目的地

機場；而無論是增開加班機或是承攬包機業務，是航空公列為追求利益而持續為旅客擴大的服務。

◆航空運務

機場運務作業分成出境作業、入境作業、轉機作業、行李作業、航務作業、裝載作業，簡述如下：

1.出境作業：
   (1)劃位櫃檯：辦理報到手續、核對機票及簽證、託運行李。
   (2)訂位票務服務櫃檯：支付各項雜費、購買機票或變更艙位、提供相關資訊等。
   (3)貴賓室服務：提供頭等艙、商務艙及高端會員的專屬休息區域。
   (4)登機門：查驗護照及登機證、確認上機旅客人數、提供旅客相關班機資訊服務、準備機內文件處理相關事宜等等。
   (5)機邊協調：協調班機各個作業單位並掌控作業時間，確保航機準時。
2.入境作業：班機到達前的各項準備工作，提供旅客服務及特殊旅客協助及服務。
3.轉機作業：提供轉機旅客報到手續及轉機資訊，協助轉機異常旅客之必要協助及服務。
4.行李作業：班機抵達後之行李作業，協助處理行李異常善後工作。
5.航務作業：提供異常時航路資訊，協助航機離境、到站許可及機場內的資訊。
6.裝載作業：提供班機行李、貨物之裝卸載資料及班機裝載平衡表。

機場組織編制分工劃分得很細，運務人員必須學習的基本專業範圍非常多，而各小組的專業項目也有所不同，運務人員的壓力來自服務旅客

的滿意度及公司的要求，另外來自於與時間賽跑的班機的準時達成率，或其他不可抗力因素導致班機異常情況發生的危機處理，在在考驗第一線的同仁的危機處理能力。

◆航空專業用語

＊國際民用航空組織（International Civil Aviation Organization, ICAO）

　　簡稱「國際民航組織」，總部設在加拿大的蒙特婁，於1944年創建的一個聯合國專門機構，旨在對國際民用航空公約的行政和治理方面進行管理，就國際民用航空的標準和建議措施（SARPs）及政策達成協商一致，以支持一個安全、有效、安保、經濟上可持續和對環境負責的民用航空業。國際民航組織成員國使用這些標準和建議措施及政策來確保其本地民用航空運行和規章符合全球規範，還為針對各國的援助和能力建設活動進行協調，以支持各項航空發展目標；編寫全球計畫，對安全和空中航行的多邊戰略性進展進行協調；監測並報告航空運輸部門各種績效衡量標準；以及審計各國在安全和安保方面的民用航空監督能力。

＊國際航空運輸協會（International Air Transport Association, IATA）

　　是一個國際性的民航組織。與監管航空安全和航行規則的國際民航組織相比，也像是一個由承運人（航空公司）組成的國際協調組織，管理組織在民航運輸中出現的諸如票價、危險品運輸等等問題。大部分的國際航空公司都是國際航空運輸協會的成員，以便和其他航空公司共享運程中轉的票價、機票發行等等標準。

＊美國聯邦航空總署（Federal Aviation Administration, FAA）

　　是美國運輸部下屬、負責民用航空管理的機構；與歐洲航空安全局同為世界上主要的航空器適航證頒發者。

＊國際航空電訊協會（Société International de Télécommunication Aéronautiques, SITA）

　　屬於國際航空運輸協會（International Air Transport Association,

IATA）成員之一，營運模式為國際性非營利事業組織，是一間跨國信息技術公司，專門從事向航空業提供信息技術和電信服務，目前全世界航空公司均使用該系統互相聯繫。

＊飛航情報區（Flight Information Region, FIR）

　　是由國際民航組織所劃定，區分各國家在該區的航管及航空情報服務的責任區。飛航情報區的範圍除了該國的領空外，通常還包括了臨近的公海，飛航情報區主要是以航管及飛航情報服務為主，ICAO將台灣劃定為「台北飛航情報區」，由民航局管轄。

＊飛航管制（Airport Control）

　　由機場管制塔台負責，其管轄範圍最小，通常僅對以機場為中心，平面範圍，再以垂直範圍三千呎以下空域包含機場上空及地面操作區空域之航空器，管制員及飛行員間運用陸空通信頻率及國際通用之無線電通話程序相互聯絡報告位置及高度，並利用航管指示使其相互間隔或避讓之方式實施目視管制服務。管制塔台負責執行航空器後推、滑行、起飛、降落、重飛等的飛航管制服務。

＊終端管制（Terminal Approach Control）

　　又稱「近場管制」，是指負責終端空域內對航空器之離場爬升、到場下降時之提供進場隔離與管制之服務。

＊航空交通管制（Air Traffic Control, ATC）

　　是指由在地面的航空交通管制員協調和指導空域或機場內不同航空器的航行路線和飛航模式，以防止飛航器在地面或者空中發生意外和確保他們均可以運作暢順，達至最大效率。航空交通管制的系統還會提供例如天氣、航空交通流量、NOTAM和機場特別安排等的資料，以協助飛行員和航空公司等作出相應的安排。

＊儀器飛航規則（Instrument Flight Rules, IFR）

　　在管制空域內儀器飛航之飛航空層或高度，除了起飛、降落或經主

管機關准許外，應依飛航規則之規定選擇之，並以航管許可者為準。

＊目視飛航規則（Visual Flight Rules, VFR）

　　飛航途中時發現後段行程為目視天氣狀況，且能確保目視飛航至目的地降落時，改變成目視飛航，應通知飛航管制單位。

＊簽派員（Operations Dispatchers, OD）

　　為航空公司擔任航機派遣及飛行計畫人員，必須經民航局檢定合格發給執照，提供天氣狀況及預計裝載客貨重量、需攜帶多少油料等等資料提供給飛行員。

＊航站大廈（Passenger Terminal Building）

　　是機場內第一項設施，提供出入境旅客辦理報到、行李交付，安全檢查、查驗的地方，也是提供飛機旅客轉換陸上交通與空中交通的設施。

＊航站貨運大樓（Cargo Building）

　　處理航空貨物、郵件收付的區域。

＊共掛班號（Code-Share）

　　指兩家以上的航空公司共同使用同一架的航空器來進行營運，此模式下，旅客的機票可由另一家航空公司簽發。此目的是為乘客提供更多的可選目的地，以解決單家航空公司自己無法解決的問題。至於機上服務、與旅客間的損害賠償處理、機位分配、營收的拆帳等，由共同聯營的業者訂立合約規範。

＊城市代碼（City Code）

　　由國際航空運輸協會（IATA）編定的城市代碼。為了有效提高航空相關產業人員效率及機位銷售，IATA要求各會員國及電腦訂位系統都必須採用IATA Airline Coding Directory所指定的三碼識別代碼來辨識地點，及進行電腦資料交換。

＊機場代碼（Airport Code）

　　許多城市有一個以上的機場，因此為了區別，有多個機場的城市之機場往往有獨立的代號。列出常見地區及機場如下：

國家 國碼	機場代碼 Airport Code	城市全名 City Name	英文全名 Full Name
加拿大CA	YYZ	多倫多	TORONTO
	YVR	溫哥華	VANCOUVER
美國US	EWR	紐約紐華克	NEW YORK
	MIA	邁阿密	MIAMI
	LAX	洛杉磯	LOS ANGELES
	SFO	舊金山	SAN FRANCISCO
	SEA	西雅圖	SEATTLE
	BOS	波士頓	BOSTON
	ORD	芝加哥	CHICAGO
	HNL	夏威夷檀香山	HONOLULU
	IAH	休斯頓	HOUSTON
中國大陸CN	PEK	北京	BEIJING
	PVG	上海浦東	SHANGHAI
	CAN	廣州	GUANGZHOU
	CTU	成都	CHENGDU
	CKG	重慶	CHONGQING
	CGO	鄭州	ZHENGZHOU
	CSX	長沙	CHANGSHA
	DLC	大連	DALIAN
	HGH	杭州	HANGZHOU
	KWL	桂林	GUILIN
	XMN	廈門	XIAMEN
HK香港	HKG	香港	HONGKONG
MO澳門	MFM	澳門	MACAU
韓國KR	ICN	首爾（仁川）	SEOUL
	PUS	釜山	BUSAN
日本JP	NRT	東京（成田）	TOKYO
	KIX	大阪	OSAKA
	NGO	名古屋	NAGOYA
	OKA	琉球	OKINAWA
	FUK	福岡	FUKUOKA
新加坡SG	SIN	新加坡	SINGAPORE
越南VN	SGN	胡志明市	HO CHI MINH CITY
印尼ID	CGK	雅加達	JAKARTA
印度IN	DEL	德里	DELHI

＊表訂起程時間（Scheduled Time of Departure, STD）

＊預訂起程時間（Estimated Time of Departure, ETD）

＊實際起程時間（Actual Time of Departure, ATD）

＊表訂抵達時間（Scheduled Time of Arrival, STA）

＊預計抵達時間（Estimated Time of Arrival, ETA）

＊實際抵達時間（Actual Time of Arrival, ATA）

＊飛行時間（Flight Time）

飛機從起飛到落地的時間。

＊最短轉機時間（Minimum Connecting Time, MCT）

旅客安排行程遇到轉機時，須特別注意轉機時間是否充裕，每個機場所需要的最少轉機時間不盡相同。

＊單獨旅行的兒童（Unaccompanied Minor, UM）

年滿5歲足12歲單獨搭機之兒童稱之，訂位時需事先告知航空公司，包含啟程地及目的地之接送親友名字、關係、聯絡電話等，從櫃檯親友交付後，全程由航空公司人員護送到目的地為止，單獨旅行的兒童必須購買成人票價。

＊嬰兒（Infant）

2歲以下的嬰幼兒不占位旅客，每位旅客只能帶一位嬰兒搭機，每個航班可承載多少嬰兒數量取決於機上氧氣罩數量；基於飛安的原因，如果要帶二位嬰兒出門，則其中一位嬰兒就必須購買機位，在飛行途中使用安全座椅，所以也必須事先瞭解飛機座位的大小，再採購適合符合標準的安全座椅，各國規定不同，有安全標章的標誌可供參考。

飛機內有搖籃的配備可提供嬰兒使用，需先於訂位時向航空公司提出需求，航空公司會根據搖籃數量、嬰兒月份或重量來決定提供與否。

＊強制遣返（Deportee）

政府警政單位將因為犯罪或逾期居留等因素的遊客，強行驅逐出

境，如旅客無危害飛機或其他旅客的生命安全，則可自行搭機離境，反之，如有疑慮時會由該國安全人員陪同，全程戒護返回目的地國。

＊拒絕入境（Inadmissible）

旅客在入境時被拒絕進入該國，通常拒絕原因是旅行證件與旅行目的不符合，或其他因素，如政治理念、懷疑非法打工等，但如果是旅客沒有簽證或是證件不符，航空公司將會受到罰款，需立即將旅客遣返回起程地。

＊輪椅（Wheelchair）

旅客託運輪椅不會另外收費，但須為旅客本身所需要使用，航空公司依據輪椅服務分類中可分成三大種類：

1.WCHR（ramp）：是指旅客自身健康因素，可以行走但無法走太遠，輪椅服務只需要送到機艙口。

2.WCHS（steps）：旅客本人是可以行走，但是無法上下樓梯。

3.WCHC（cabin）：這種情況的旅客是無法自行走路，多半是身障人士或身體因素，必須使用輪椅將旅客送到機上座椅。

航空公司機場輪椅會提供兩種不同功能的輪椅，目前新型的飛機上是有機內輪椅配置，可供飛行中旅客在機內需要移動時使用。

＊電動輪椅

旅客所攜帶鋰電池裝置電源的輪椅或自動行動輔助裝置，所使用的電池必須是符合聯合國（測試和標準手冊）第三部分38.3節（UN Manual of Tests and Criteria, Part III, Section 38.3）之每項測試要求的電池。

輪椅的電池，有分鋰電池、乾電池、非溢漏式濕電池、溢漏式（濕）電池等，輪椅鋰電池設計為可拆卸時，鋰電池一定要拆下分離，將電池用保護套裝好，旅客以手提行李方式攜帶上機。電池電量不可大於300W/H。

不可拆卸式的鋰電池電動輪椅，則必須絕緣且斷電，以託運行李處理。

乾電池、非溢漏式濕電池，此類電動輪椅電池需拆下，拆下的輪椅電池，必須放在包裝非常完善的地方保管，並且跟電動輪椅一起予以託運。

溢漏式（濕）電池，此類電池必須牢固於輪椅上，電線必須被絕緣且不會意外被啟動，電池於裝載、存放、固定及卸載時全程需維持直立狀。

＊擔架（Stretcher）

當旅客無法使用機上座椅時，旅客就必須以擔架形式運送，家人需提供旅客相關醫院證明給航空公司，在旅客飛行中是否需要醫生或護士的陪伴，則會依照旅客狀況評估，每一種機型放置地點是固定的，都是安排在經濟艙的位置，擔架會架設在六張座椅上方，每一架飛機只接受一位擔架旅客，另外旅客如果需要使用氧氣筒，會依據航程距離決定是否得另外加訂一個位置來放置氧氣筒。

＊氧氣筒（Oxygen）

旅客因自身健康因素需要使用氧氣，不一定是擔架旅客，可在訂位時向航空公司提出需求，並且提供醫生相關證明，旅客需要另外購買一個位置放置氧氣瓶，航空公司不接受旅客自行攜帶氧氣筒上機，機內雖然有氧氣筒的裝備，但那是在緊急情況下使用。

＊孕婦（Pregnant）

需要特別注意其健康狀況的旅客，對於懷孕單胞胎滿28週未滿36週，多胞胎滿28週未滿32週的孕婦，訂位時需告知航空公司評估搭機的可能性；對於單胞胎懷孕滿36週，多胞胎滿32週，航空公司可拒絕承載。

＊特殊協助旅客（Meet and Assist）

有些旅客擔心語言問題或在轉機地迷路，或因為第一次出國的旅

客，或是已年滿12歲的青少年旅客單獨旅行時，都希望航空公司的人可以協助他們通關、轉機等等服務。當旅客是視障（BLND）、聽障（DEAF）、身心障礙者單獨旅行時，也會是特別協助的旅客群。

＊服務犬（Service Dog）

　　導盲犬、心靈撫慰犬，都是取決於人類的需求，導盲犬是協助視障人士，都是經過訓練具備證書的服務犬隻，陪同主人飛行時並不會被航空公司所拒絕，但是主人必須提出相關證明文件、檢疫文件，服務犬飛行途中僅能餵水不能給予食物，導盲犬需全程繫導盲鞍，飛行途中必須一直在主人身旁。

＊寵物託運（Live Animal in Hold, AVIH）

　　旅客託運活生動物，訂位需告知航空公司所帶的數量、種類、籠數，並備妥檢疫、健康注射證明及輸出入許可等必備文件，寵物須必放置於符合IATA規定的塑膠航空籠或硬質玻璃纖維並附有透氣的金屬網，寵物箱內可以容許動物自然站立、轉向、躺臥，並配置固定式供水器及食物，寵物託運需加收行李超重費，而不列入免費行李額度，依照該航線是計重式或是計件式計算方式收費。航空公司對於寵物的健康狀況不負責任。

(四)危險品

　　危險貨品（Dangerous Goods, DG），就是對健康、安全、財產與環境會造成危害的物質或物品。為使空運危險物品能安全運送，使空運作業能符合國際規範，民航局訂定危險物品空運管理辦法，明定危險品識別之相關規定，並於97年2月25日公布施行，該項辦法依據民用航空法第43條第四項條文規定，並參考國際民用航空公約第十八號附約「危險物品空中安全運輸」、國際民航組織（ICAO）「危險物品航空安全運送技術規

範」及國際航空運輸協會（IATA）「危險物品處理規則」規定所擬。危險品保安（參考IATA DGR）處理危險物品之相關作業人員，每兩年必須接受危險品保安訓練，並瞭解相關責任。

◆危險物品之分類及標籤

1.第一類：爆炸物品（Explosives）。

1.1具有爆炸危害的物質和物品，如火藥、爆竹。

1.2具有射出危害但無爆炸危害的物質和物品，如飛彈。

Division 1.1　　　　　Division 1.2

1.4不致引起重大危害的物質和物品，如爆竹。

1.5具有巨量爆炸危害，但不敏感的物質，如爆破用炸藥。

1.6無巨量爆炸危害，但不敏感的物質。

Division 1.4　　　　　Division 1.5　　　　　Division 1.6

圖片來源：IATA Dangerous Goods Regulations (DGR)

2.第二類：氣體（Gases）。壓縮的、液化的或受壓溶解的氣體，如
　罐裝瓦斯、殺蟲劑、噴漆、液化氮。

　2.1 Flammable Gas, RFG易燃氣體。

　2.2 Non-flammable non-toxic Gas, RNG & RCL非易燃、無毒氣體。

　2.3 Toxic Gas, RPG毒性氣體。

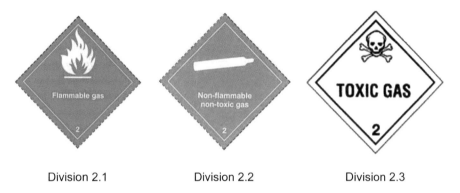

Division 2.1　　　　　Division 2.2　　　　　Division 2.3

圖片來源：IATA Dangerous Goods Regulations (DGR)

3.第三類：易燃液體（Flammable Liquid）。此項沒有更細項的分
　類，易燃液體指可燃蒸氣之閃火點溫度測試時，放出易燃蒸氣的液
　體混合液、固定溶液或懸浮液。

易燃液體RFL

圖片來源：IATA Dangerous Goods Regulations (DGR)

4.第四類：易燃固體、自燃物質、遇水釋放易燃氣體之物質
（Flammable Solid; Substances Liable To Spontaneous Combustion;
Substances Which, In Contact With Water, Emit Flammable Gases）。
如汽柴油、煤油（含煤油暖爐）、打火機燃料、火柴、油漆、稀釋
劑、點火器等。

4.1 Flammable Solid, RFS易燃固體。在運輸條件下容易燃燒或摩擦
可能引燃或助燃的固體。

4.2 Spontaneously Combustible, RSC自燃性固體。在正常運輸條件
下易於自發加熱或與空氣接觸及升溫，從而易於著火自燃的物
質。

4.3 Dangerous When, RFW遇溼易燃固體。與水相互作用易於變成自
燃物質或放出危險數量的易燃氣體物質。

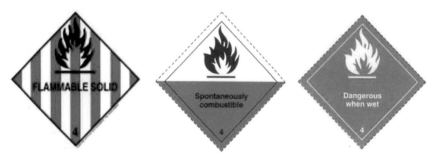

Division 4.1   Division 4.2   Division 4.3

圖片來源：IATA Dangerous Goods Regulations (DGR)

5.第五類：氧化物、有機過氧化物（Oxidizer, Organic Peroxides）。
如漂白劑（水、粉）、工業用雙氧水。

5.1 Oxidizer, ROX氧化物質。本身未必燃燒，但因放出氧可能引起
或促進其他物質燃燒的一種物質。

5.2 Organic Peroxide, ROP有機過氧化物，是熱不穩定物質，可能發生放熱自加速分解。

Division 5.1　　　　　　　　Division 5.2

圖片來源：IATA Dangerous Goods Regulations (DGR)

6.第六類：毒性物質、傳染性物質（Toxic and Infectious Substances），如砒霜、殺蟲劑、除蟲劑。

6.1 Toxic Substance, RBP毒性物質。這些物質在吞食、吸入或與皮膚接觸後，可能造成死亡或嚴重受傷。

6.2 Infectious Substance, RIS傳染性物質。已知或認為有病源體的物質，指會使人或動物感染疾病的微生物。

Division 6.1　　　　　　　　Division 6.2

圖片來源：IATA Dangerous Goods Regulations (DGR)

7.第七類：放射性物質（Radioactive Material）。只含有放射性核種，且放射性活度超過規定的標準值，區分三個等級，如具防盜警鈴裝置的公事包及小型手提箱。

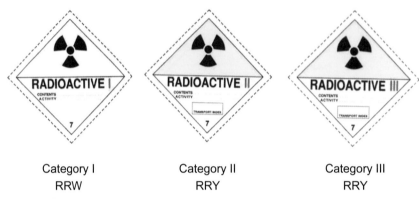

Category I　　　　　Category II　　　　　Category III
RRW　　　　　　　RRY　　　　　　　RRY

圖片來源：IATA Dangerous Goods Regulations (DGR)

8.第八類：腐蝕性物質（Corrosives, RCM）。經由化學作用再接觸生物組織時會造成損傷，或滲漏時毀壞運輸工具，如強酸、強鹼、水銀、鉛酸電池等。

圖片來源：IATA Dangerous Goods Regulations (DGR)

9.第九類：其他危險物（Miscellaneous Dangerous Goods, RMD、
　RSB、ICE）。如石綿、磁鐵、防身噴霧器、電擊棒、催淚瓦斯。
　不屬於其他八大類危險性的危險物質，如磁性物質、環境危害物
　質、乾冰、鋰電池、升溫物質、基因改造微生物、引擎之類。

圖片來源：IATA Dangerous Goods Regulations (DGR)

◆其他標籤

1.磁性物質標籤（Magnetized Material, MAG）。警告遠離飛機羅盤相
　關儀器。

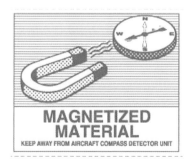

圖片來源：IATA Dangerous Goods Regulations (DGR)

2.限貨機裝運標籤（Cargo Aircraft Only, CAO）。

圖片來源：IATA Dangerous Goods Regulations (DGR)

3.此面向上（This Way Up）。

圖片來源：IATA Dangerous Goods Regulations (DGR)

4.電動輪椅。左為使用乾式電池，右為使用溼式電池。

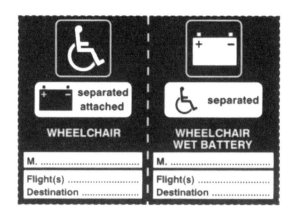

圖片來源：IATA Dangerous Goods Regulations (DGR).

5.冷凍液態氣體標籤（Cryogenic Liquid）。

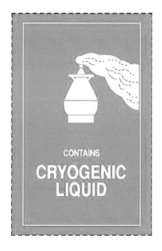

圖片來源：IATA Dangerous Goods Regulations (DGR)

6.遠離熱源標籤。

圖片來源：IATA Dangerous Goods Regulations (DGR)

7.微量輻射品標籤。

Radioactive Material, Excepted Package

This package contains radioactive material, excepted package and is in all respects in compliance with the applicable international and national governmental regulations.

UN _____

The information for this package need not appear on the Notification to Captain (NOTOC)

圖片來源：IATA Dangerous Goods Regulations (DGR)

8.鋰電池標籤。

圖片來源：IATA Dangerous Goods Regulations (DGR)

三、出境班機作業

　　旅客出國前要訂班機機位，完成訂位手續時須向航空公司訂位人員或旅行社人員取得電腦訂位代號（代號以英文及數字所組合而成的六碼代號）及搭機的日期、班次、時間、出發地、目的地名稱、所停靠的航站大廈及姓名正確的拼法（機票上姓名譯名須與護照上英譯名字相同），並留下能直接聯絡的電話，以便航空公司因班機有異動時，能第一時間通知乘客（一般如果是透過旅行社訂位，紀錄中都只有留旅行社聯絡人的電話），如果有特殊需求如選位、輪椅、特別餐等等可在訂位時告知服務人員，機票購買方式可以直接向航空公司或透過旅行社購買，最重要的是準備好目的地國的有效的旅遊證件或有經第三地（國），其規定要過境簽證也必須準備妥善，才能順利成行。

　　對航空航公司來說，一架出境班機其準備工作範圍涵蓋很廣，從

飛航路線氣流狀況、啟程地、目的地天候狀況、空勤組員調度、機上餐點、機上用品類、貨物點收、機場運務人員服務等等，對航空公司來說，各權責單位都有其標準化作業程序（Standard Operating Procedure, SOP），按部就班順利整合完成地面作業，讓航班順利準時啟航。

起飛前36小時訂位系統端會將該班航所有的資料傳送至機場所使用的機場系統，包含旅客已預先報到（自助報到）的資料，航空業所使用的機場劃位系統有很多種，目前大多所使用的機場劃位系統如Amadeus亞瑪迪斯、eTerm中國民航的定位系統、Departure Control System 離場管制系統。機場運務工作，以分層方式各司其職，機場的準備工作在起飛前36小時開始，將訂位系統中該班所有旅客資料，傳輸至機場劃位系統後，由負責的單位開始核對資料，再依據旅客的需求進行服務性的座位安排，或與相關單位進行確認工作項目，譬如訂位時即已訂妥嬰兒搖籃位置的旅客，則需先排好搖籃座位給旅客，其他特殊旅客的座位安排等等，櫃檯會依照當天的班機數及旅客數，安排人員、櫃檯的調度，希望盡量減緩排隊旅客的等待時間，期望能提高旅客服務的期望值。

(一)旅客報到作業

現行各國航空公司都採用多元化的報到方式讓旅客選擇，現行人工報到櫃檯之外，旅客也可使用預先網路報到，或機場自助報到機器，或使用手機APP程式辦理報到。網路報到及APP程式報到開放至起飛前三個小時，機場報到櫃檯開放時間大多設定起飛前二至三小時，報到結束起飛前四十分鐘至一小時，其時間會依照航空公司或當地機場規定而有所不同。

◆人工報到

目前仍是旅客最常使用的一種報到方式，團體旅客必須至專屬櫃檯

辦理，不開放自助報到，劃位櫃檯會區分成頭等艙、商務艙、經濟艙的專
屬櫃檯，航空公司也針對自己的高端會員們增設專屬櫃檯報到，另外有航
空公司加設如博愛櫃檯提升服務。

【護照範例】

　　一般常見護照，由左至右分別為：

第一排，日本、美國、加拿大、柬埔寨、越南、菲律賓。
第二排，新加坡、泰國、韓國、荷蘭、澳門特別行政區、西班牙。
第三排，香港特別行政區、法國、紐西蘭、德國、芬蘭、土耳其。

一般常見護照

圖片來源：王姍姍整理

【訂位紀錄範本】

旅客訂位狀態

```
EVA AIRWAYS                          ① BOOKING REF: 3DC4WX
TAOYUAN APT                             DATE:        29 AUGUST 2016
TAIWAN
TAOYUAN                              ② WANG/SHANSHAN Plus INF WANG/L⁞
TAIWAN
TELEPHONE: 886 3 351 ⁞⁞⁞⁞

③ FLIGHT      BR 087 - EVA AIR                    SUN 02 OCTOBER 2016
------------------------------------------------------------------------
DEPARTURE: TAIPEI, TW (TAIWAN TAOYUAN INTL), TERMINAL 2     ④ 02 OCT 23:30
ARRIVAL:   PARIS, FR (CHARLES DE GAULLE), TERMINAL 1 -         03 OCT 07:35
           AEROGARE 1
           FLIGHT BOOKING REF: BR/3DC4WX
    ⑤ RESERVATION CONFIRMED, ECONOMY (V)              DURATION: 14:05
- - - - - - - - - - - - - - - - - - - - - - - - - - - - - - - - - - - - -
           BAGGAGE ALLOWANCE:        20K
    ⑥ SEAT:                          55H CONFIRMED FOR WANG/SHANSHAN
      MEAL:                          MEAL
    ⑦ SEA FOOD MEAL CONFIRMED
NON STOP   TAIPEI TO PARIS
           OPERATED BY:              EVA AIR, BR
           AIRCRAFT OWNER:           EVA AIR, BR
           EQUIPMENT:                BOEING 777-300ER

FLIGHT      BR 088 - EVA AIR                       THU 20 OCTOBER 2016
------------------------------------------------------------------------
DEPARTURE: PARIS, FR (CHARLES DE GAULLE), TERMINAL 1 -         20 OCT 11:20
           AEROGARE 1
ARRIVAL:   TAIPEI, TW (TAIWAN TAOYUAN INTL), TERMINAL 2        21 OCT 06:30
           FLIGHT BOOKING REF: BR/3DC4WX
           RESERVATION CONFIRMED, ECONOMY (M)          DURATION: 13:10
- - - - - - - - - - - - - - - - - - - - - - - - - - - - - - - - - - - - -
           BAGGAGE ALLOWANCE:        20K
           SEAT:                     51C CONFIRMED FOR WANG/SHANSHAN
           MEAL:                     MEAL
           SEA FOOD MEAL CONFIRMED
NON STOP   PARIS TO TAIPEI
           OPERATED BY:              EVA AIR, BR
           AIRCRAFT OWNER:           EVA AIR, BR
           EQUIPMENT:                BOEING 777-300ER


GENERAL INFORMATION
------------------------------------------------------------------------
```

格式整理：王姍姍

旅客行程

①BOOKING REF：訂位代號3DC4WX

②Passenger Name Record：WANG/SHANSHAN Plus INF WANG/I是
一位大人帶一個嬰兒旅行

③班機：BR87

④起飛時間：23：30L（上述起飛時間均為當地時間）

⑤訂位艙等：經濟艙可攜帶20公斤的免費託運行李

註：長榮航空自01OCT96起，調整行李免費額度

⑥座位：55H

⑦餐點：海鮮餐

【機票範本】

　　電子機票收據，機票為記名式有價證券，不可轉讓給他人使用，機票上會顯示旅客姓名、行程、航空公司、航班號碼日期、機票艙等、訂位狀況、機票使用及更改限制、免費託運公斤數或件數、票價及稅金等資料。

```
TKT-69500000000004           RCI-                       IS     LOC-4G6UX4
OD-LAXLAX    SI- FCMI-O              POI-KAX  DOI-E31AUG  IOI-05545783
        1 WANG/SHANSHANMS               ADT      S I
     1   LAX   BR  11   V  07SEP  OK  VLX3R    F          07SEP07SEP
     2  X TPE  BR 768   V  08SEP  OK  VLX3R    C          08SEP08SEP
     3  O HRB  BR 767   V  22SEP  OK  VLW3R    O          10SEP07DEC
     4  O TPE  BR  16   V  25SEP  OK  VLW3R    O          10SEP07DEC
        LAX

FARE     R  USD        995 .00
TOTALTAX   USD         151 .46
TOTAL      USD        1146 .46
/FC LAX BR X TPE BR HRB477.50BR TPE BRLAX517.50NUC995.00END ROE
1.00 XFLAX4.5
FE NON END/RRT/TPE STPVR FREE/BR/B7 EWA APLY
```

格式來源：王姍姍整理

機票票號共13碼，其中前3碼695為航空公司代碼，最後一碼為檢查碼

訂位代號：4G6UX4

姓名：WANG/SHANSHAN

班機號碼：BR11/BR768/BR767/BR16

機票使用期限為出發日起三個月內須使用完畢

機票限制欄，記載機票的特殊限制如下：

Non endorsable（NON END）禁止背書轉讓，

Non reroutable（NON RRT）不可更改行程，

Valid on XX Only限制搭乘XX航班，

Embargo Period禁止搭乘的時間。

【登機證】

上圖為登機證，下圖為貴賓室邀請卡。

圖片來源：王姍姍提供拍攝

　　人工劃位，由航空公司人員執行劃位手續，確認旅行證件、機票無誤後，會給予登機證並託運行李。登機證上面有航班號碼、旅客姓名、航班號碼、登機門、班機起飛時間、登機時間、座位號碼等。提供給旅客的相關資訊，如果是商務艙旅客，或是航空公司高端會員，航空公司會提供貴賓室，讓旅客等候搭機時有個休息的地方。

泰國航空貴賓室

中華航空貴賓室

圖片來源：桃園機場王姍姍拍攝

◆自助報到（CUSS check-in）

　　機場所提供的自助報到機器，讓旅客自行操作機器，先選擇好航空公司後即可辦理報到手續。

仁川機場自助報到機器

圖片來源：王姍姍攝於仁川機場

◆ 自助報到（Kiosk check-in）

航空公司所提供的自助報到機器，讓旅客自行操作機器辦理報到，於起飛前24小時開放劃位。

航空公司提供自助報到機器給訂位旅客使用

◆網路報到（internet check-in）

　　起飛前24小時開放預先報到，即使有轉機行程，全程同一家公司或有簽約的航空公司也可以一起辦理報到手續，會請旅客自行上網輸入相關資料，如護照資料、會員卡號，自行辦理預先報到，也可以在系統中自行更換座位。

① 使用說明

搭乘長榮航空或立榮航空國際線從下列航點出發，並已完成網路報到之旅客，可於網路上以A4尺寸紙張自行列印登機證。若您符合本公司貴賓室使用資格的旅客，貴賓室邀請卡亦可一併列印。

可適用於網路上自行列印貴賓室邀請卡的出發航點如下：

台　　灣：台北(桃園、松山)、台中、高雄
港澳大陸：澳門、廣州、天津、哈爾濱、瀋陽
美　　洲：多倫多、溫哥華、洛杉磯、舊金山、西雅圖
歐　　洲：阿姆斯特丹、維也納
東 北 亞：大阪、東京(成田機場)、福岡、沖繩、首爾(仁川機場)
東 南 亞：曼谷、吉隆坡、馬尼拉、雅加達

可適用於網路上自行列印登機證的出發航點如下：

台　　灣：台北(桃園、松山機場)、台中、高雄
港澳大陸：香港、澳門、北京、廣州、天津、哈爾濱、瀋陽
美　　洲：多倫多、溫哥華、洛杉磯、舊金山、西雅圖
歐　　洲：阿姆斯特丹、倫敦、巴黎、維也納
東 北 亞：福岡、小松、大阪、札幌、仙台、沖繩、函館、東京(羽田、成田機場)、首爾(仁川機場)
東 南 亞：曼谷、吉隆坡、馬尼拉、金邊、雅加達
大 洋 洲：布里斯本

除上述適用航點以外之出發航點均不適用。
另目的地為美國或澳洲的航班，受限於當地官方規定，目前尚無法自行列印登機證。

注意事項：
＊ 為確保信用卡持卡人的權益，網路購票及經由電話授權付款的旅客，於第一段行程出發時，需於機場驗證原購票信用卡，因此無法直接列印登機證。
＊ 預定行程中包含續程航班，例如桃園-香港-上海或洛杉磯-台北-香港的旅客，如果行程中有一段無法列印登機證，則全部行程只能列印報到確認單。
＊ 訂位艙等與購票艙等不符合者不適用。

② 機場作業

不需託運行李的旅客：可直接前往安全檢查及證照查驗至登機門。並請於班機起飛前至少30分鐘抵達登機門，將旅行證件交給航空公司人員檢查。

　需託運行李的旅客：請於班機起飛前60分鐘至報到櫃檯指定櫃檯完成行李託運手續。

快速報到服務：不適用「網路列印登機證」服務的旅客，可憑網路報到確認單於班機起飛當天至網路報到專屬報到櫃檯領取登機證。若您是由台灣桃園機場、台北松山機場、台中機場、高雄機場、香港機場、大阪關西國際機場、曼谷機場、倫敦機場、阿姆斯特丹機場、洛杉磯國際機場出發亦可使用「自助報到服務」專區列印登機證。台灣桃園機場也提供「Hello Kitty 彩繪機旅客專屬快速報到服務」，適用於台灣出發搭乘Hello Kitty 彩繪機航班。

長榮航空網站提供網路自助報到的各項說明及限制
圖片來源：長榮航空官網

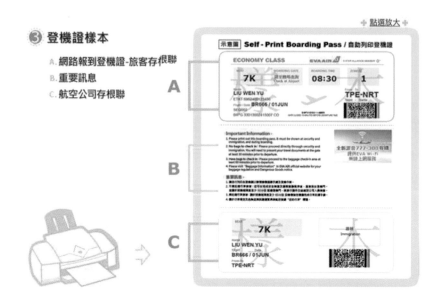

旅客在家可自行列印登機證，圖為樣張

圖片來源：長榮航空官網說明

◆手機APP程式報到（mobile check-in）

可自手機下載航空公司APP程式，辦理自助報到，完成後會出現條碼，可憑手機條碼至登機門報到。

無論是哪一種自助報到手續，只要旅客有行李要託運，只要直接到搭乘的航空公司專屬櫃檯辦理託運即可；旅客在行李託運同時，服務人員會確認旅客旅行簽證件，並將託運行李數量、重量輸入於電腦中，也會向旅客確認行李外觀及旅客行李內容有無危險物品，航空公司在櫃檯處也提醒旅客個人物品須依照民航局之規定辦理。

不是所有的旅客都可以使用自助報到，如果是下列原因的旅客就沒有辦理使用自助報到機器：

『電子登機證』使用說明

1. 發送『電子登機證』

- 在『預辦登機』網站之『登機證』功能網頁選擇「電子登機證」，然後在顯示『電子登機證』的網頁再輸入您的電子郵件地址後選擇「確認」。

2. 領取電子登機證

- 請您立即以手持式行動裝置讀取電子郵件並下載電子郵件中的附件以儲存『電子登機證』。

- 如您一直等到即將啟航時才首次下載附件，可能無法顯示『電子登機證』，您將須回到報到櫃檯辦理手續。

- 此外，您亦可使用CI Mobile Apple iOS、Android、Windows Phone APP『預辦登機』服務之『電子登機證』功能，直接下載您的『電子登機證』。

3. 抵達機場

- 如有行李需要托運，請於班機起飛前至少1至2小時(請參閱『電子登機證』上注意事項說明)在報到櫃檯出示『電子登機證』即可辦理托運手續。

- 如沒有行李需要托運，可直接辦理安全檢查和出境手續。

4. 安全檢查區和移民署櫃檯

- 在安全檢查區和移民署櫃檯出示您的『電子登機證』辦理手續，確認登機門號碼後即可前往登機。

5. 登機門口

- 請於班機起飛前至少30分鐘(請參閱『電子登機證』上注意事項說明)在登機門口出示旅行證件及『電子登機證』以便掃瞄後登機，登機時再向機艙人員出示『電子登機證』即可。

注意事項：
為方便您使用『電子登機證』，我們作出以下建議：

1. 如您的手持式行動裝置具有截圖功能，請務必預先儲存顯示『條碼和航班詳情』的畫面或儲存電子郵件之『電子登機證』PDF格式檔案，以備遇上技術問題時(如失去網絡連接、需收取漫遊數據費、或電郵已刪除)仍可使用。

2. 由於部分機場可能不接受一部手持式行動裝置顯示多個『電子登機證』，如多人同行，乘客請使用自己的手持式行動裝置顯示個人的『電子登機證』。如同行乘客沒有手持式行動裝置，我們建議乘客在辦理『預辦登機』手續時，直接使用「自助列印登機證」服務。

3. 停用手持式行動裝置的螢幕自動旋轉功能，以防畫面轉為橫向顯示並影響到在某些機場的掃瞄器之掃瞄效果(以香港國際機場為例，通過登機門時將要求您的手持式行動裝置向下以供掃瞄)。

4. 掃瞄『電子登機證』的條碼時，請確保手持式行動裝置螢幕的方向正確並維持靜止不動數秒。

5. 您的手持式行動裝置必須具備上網功能以及足夠的電源直至您登上航機。而且您的行動服務供應商並未防止您的電子郵件之附件下載功能。

6. 請先確認您的手持式行動裝置已經安裝Adobe Reader以確保『電子登機證』得以正常顯示。如仍有問題，請聯絡您的手持式行動裝置供應商。

7. 任何『電子登機證』的列印版本均屬無效，請確保您能使用手持式行動裝置正常地顯示『電子登機證』。

8. 本公司保有權利因應飛機調度，而更動起飛時間，及調整旅客指定座位。

電子登機證樣張

(1) 班次號碼 (2) 起飛日期

(3) 天合優享 (4) 艙等

(5) 座位號碼 (6) 登機順序

(7) 起飛時間 (8) 登機時間

(9) 艙單號碼 (10) 啟程地

(11) 目的地 (12) 旅客姓名

(13) 登機門：請洽機場航班資訊系統

(14) 貴賓室邀請卡 (15) 條碼

中華航空提供手機APP程式報到，使用說明及電子登機證樣張
圖片來源：中華航空官網說明

1. 護照或簽證無法用機器讀取。

2. 訂位尚未確認，或是在候補名單。

3. 劃位報到的旅客，是無成人同行的未成年人，如UM。

4. 預訂增購座位，如CBBG。

5. 需要特殊協助，如服務犬同行、需要醫療協助、輪椅服務、MAAS
   等。

　　網路發達的同時，越來越多的旅客選擇直接至航空公司的網站購買機票及訂位，再以信用卡方式支付機票費用，航空公司會要求旅客在機場報到時需出示原支付機票的信用卡，一旦無法出示確認，將有可能會被要求重新購買一張機票。

　　以前旅客出國時只要到機場櫃檯，將護照給親切的服務人員，看著服務人員敲幾下電腦後，登機證也列印好，行李條也已掛在行李上，辦完所有的事情，然後去逛免稅店再去登機就可以，但對於運務人員來說，除了要有合宜的談吐與應對，整齊而有紀律的外觀及良好的服務熱忱之外，其實要注意的事情是非常多的，譬如：

1. 問候（greet）：見到旅客時第一時間起身、問候，希望給予旅客良
   好的印象外，另一個目的是觀察旅客身心狀況是否適合搭機，拿到
   護照後須核對護照上照片是否為本人，檢查證件除了檢查至目的地
   國簽證，也需要確認機票條件如機票名字是否符合，對於核對旅行
   文件與機票時需要防範偽造、變造的旅行文件，確認旅客身分是航
   空安全的一環。

2. 託運行李：提醒旅客手提或託運行李內有無攜帶危險物品，物品須
   符合相關航空法之規定，在交付旅客證件時提醒旅客，須確認行李
   經過安全檢查後再離開。

　　託運行李就得要說超重費這件事情，旅客在購買機票時，就會知道
   自己可以帶多少行李，如果旅客是航空公司的高端會員，那能帶的

行李就自然更多，有些航空公司會針對外籍勞工、學生等特殊對象，給予更多的免費託運行李重量。

以中華航空的方式來做說明，計算行李的方式區分為兩種：

(1)計重式：以公斤數做為計算標準，像台灣、東南亞、香港、大陸地區、東北、大洋洲、歐洲、中東、非洲，這些地區還可再細分成五個區域，每個地區的超重費用是不一樣的。

(2)計件式：以行李的件數來做為計算標準，目前是美國、加拿大、中美洲、南美洲這些地區，這些地區再細分成兩個區域，計件式行李還能再區分為超大、超重、超件數的計算方式。

超大（重）行李費收取標準

所有託運行李（包括兩件免費託運行李）總尺寸及重量均應符合免費託運行李的尺寸與重量的限制。超過此限制的行李則為超大（重）行李。除超件行李費外，每件必須依實際狀況額外支付一倍以上的超件行李費以外，豪華經濟艙及經濟艙旅客尚需另外支付「額外行李費」。

機票艙等	行李總尺寸（長／寬／高總和）與重量	單件加收之計費方式
所有艙等	超大： 每件行李總尺寸在158公分（62吋）~203公分（80吋）之間。	一次超件行李費
豪華經濟艙／經濟艙	超件＋超重： **豪華經濟艙** 託運行李超過兩件以上，且重量在28公斤（61磅）~32公斤（70磅）之間。 **經濟艙** 託運行李超過兩件以上，且重量在23公斤（50磅）~32公斤（70磅）之間。	一次超件行李費 ＋ 一次額外行李費
豪華經濟艙／經濟艙	超件＋超大： **豪華經濟艙** 託運行李超過兩件以上且各不超過28公斤，且每件行李總尺寸在158公分（62吋）~203公分（80吋）之間。 **經濟艙** 託運行李超過兩件以上且各不超過23公斤，且每件行李總尺寸在158公分（62吋）~203公分（80吋）之間。	兩倍超件行李費

中華航空針對超大（重）行李之收費標準

圖片來源：中華航空官網說明

至於特殊行李，像是風浪板／衝浪板、滑雪／滑水、高爾夫球具等特殊物品，因應地區所採取的是計件式或計重式，而影響收費的計算方式，攜帶這些特殊行李出國，最好能事先告知航空公司事先保留位置，因為飛機內部空間是固定的，萬一沒有空間可放置，航空公司就會拒絕承載。

特殊行李收費標準

特殊行李	計算方式	是否可合併於免費託運行李額度	超出免費額度之優惠方案	備註
高爾夫球具	計重制	是	15公斤以內的球具收取6公斤超重費。15公斤以上的球具則分為兩部分計算：15公斤以內的部份收取6公斤超重費，超過15公斤的部份則與其它一般託運行李合併計算，再收取超過免費託運行李額度之超重費。	優惠方案僅適用一組球具，包括一組高爾夫球袋及高爾夫球鞋。以優惠方案計算時，將至少收取6公斤或0.5件之超重費。
	計件制	是	第一件收取0.5件之超重費，第二件以上則每件皆收取1件之超重費	
滑雪／滑水裝備	計重制	是	一套收取3公斤之超重費	優惠方案只限一套，含雪靴、雪杖、滑雪（水）板等。以優惠方案計算時，將至少收取3公斤或0.33件之超重費。
	計件制	是	一套收取0.33件之超重費	
風浪板及衝浪板	計重制	是	1.長度＜277公分者收0.5件的超重費 2.長度＞277公分者收8公斤的超重費	優惠方案只限一件
	計件制	否	1.長度＜277公分者收0.5件的超件費 2.長度＞277公分者收1件的超件費	
浮板	計重制	是	長度＜120公分；寬度＜0.5公分	優惠方案只限一件，如超出尺寸限制則適用一般收費標準
	計件制	是		

中華航空針對特殊行李之收費標準

圖片來源：節錄自中華航空官網說明

3.座位：旅客對座位有其喜好，喜歡走道、窗戶，但是機上的座位配置除了頭等艙、商務艙，其他總是逃不過中間的座位，或是旅客身材過高、過胖，就會要求大一點的座位，當沒有嬰兒時搖籃位就是另一項選擇。其次逃生門座位，其實逃生門的限制是很多的，像未滿16歲的旅客、行動不方便或身障的旅客也不適合，當旅客基本條件符合資格之後，還需要詢問旅客是否願意在發生緊急事故時協助逃生，如果不願意那就無法提供該座位給旅客，拿到逃生口座位旅客，櫃檯運務人員會將逃生出口須知附在登機證後方。下圖為美國航空Boeing 777-200座位圖介紹，可提供旅客在選取座位時的依據。

4.特殊需求的旅客：劃位人員同時跟旅客確認，並執行相關後續處理。

(1)特別餐點：特別餐點會與旅客確認餐點內容，在旅客表示忘記訂

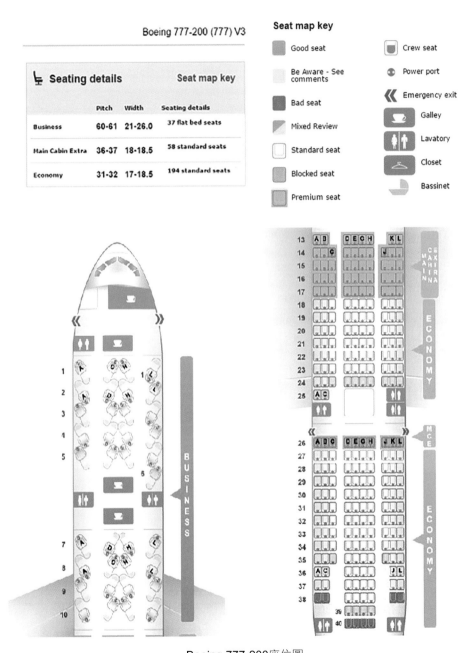

Boeing 777-200座位圖

圖片來源：美國航空官網說明

餐時，會詢問臨時加訂的可能性，餐點其實是很早就開始備餐的，所以幾乎是無法臨時加訂的。節錄部分常見特別餐點如下：

素食餐		
中式素食	Vegetarian Oriental Meal	VOML
蛋奶素食	Vegetarian Lacto-Ovo Meal	VLML
生菜餐	Vegetarian Raw Meal	RVML
宗教餐		
猶太餐	Kosher Meal	KSML
回教餐	Muslim Meal	MOML
印度餐	Hindu Meal	HNML
病理餐		
糖尿病餐	Diabetic Meal	DBML
低普林餐	Low Purin Meal	PRML
低熱量餐	Low Calorie Meal	LCML
無鹽餐	Low Salt Meal	LSML
高纖維餐	High Fibre Meal	HFML
不含麩質餐	Gluten Intolerant Meal	GFML
其他特別餐		
不含牛肉餐	No Beef Meal	NBML
不含堅果類餐	No Nuts Meal	NNML
水果餐	Fruit Platter Meal	FPML
海鮮餐	Seafood Meal	SFML
兒童餐	Children Meal	CHML

資料來源：王姍姍整理

(2)輪椅（Wheelchair）：依照訂位需求提供旅客輪椅服務，但是旅客狀況無法上下樓梯，當天旅客座位卻預選在樓上，需跟旅客說明後換至其他座位，如果客人自行攜帶輪椅，一般型無動力輪椅

旅客可選擇直接託運或是至登機門託運，需先行將行李條掛在輪椅上。

(3)單獨旅行的兒童（UM）：小朋友由家人帶至櫃檯劃位後，航空公司會準備小朋友專用行李辨識牌掛在行李上，也會將小朋友的證件護照、簽證、入境表格放入專用袋中，掛在小朋友的脖子上，家人將小朋友交給航空公司人員後，再帶至登機門，飛機離境後須發送電報給目的地場站。

(4)需要特別協助（MAAS）：像是年紀大的人、語言不通的人、需要協助轉機的人、身心障礙人士、單獨旅行的青少年等，需要航空公司的人協助，在劃位完後提供旅客所需的服務。

(5)嬰兒：2歲以下可以購買嬰兒票，但如果旅客購買兒童票給嬰兒使用，要將安全座椅放置在座位上，需確認是否有安全標章。

(6)嬰兒車：帶嬰兒或小朋友攜帶嬰兒車旅遊時，可免費託運嬰兒

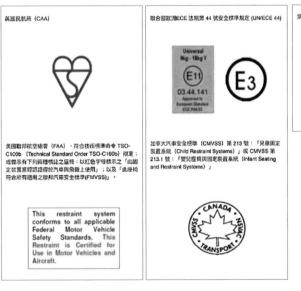

各國嬰兒安全座椅標章

圖片來源：王姍姍整理

車，嬰兒車也可選擇至登機門託運，行李條需在櫃檯先行掛好。有航空公司機場服務項目中，提供嬰兒車給旅客在機場內使用，但須事先提出需求。

(7)孕婦：懷孕滿28～36週，需取得醫生的適航證明，多胞胎則是28～32週，單胞胎滿36週，多胞胎滿32週，則拒絕承載，許多孕婦是不知道需要告知航空公司的，所以會導致在櫃檯時被要求臨時拿出證明，或造成拒載。

(8)醫療器材：旅客攜帶電子醫療器材，須為FAA/CAA認可之醫材，如手提攜帶式製氧機（Portable Oxygen Concentrator, PPOC）、睡眠正壓呼吸道通氣治療器（Continuous Positive Airway Pressure, CPAP）等，旅客在訂位時告知，必須符合手提行李尺寸。

(9)報值行李：旅客對於所託運的行李欲申請購買額外保障，申報價每100美元計算，每一家投保上限不同所支付的服務費也不同，有其特別的計算方式，班機離境後須發電報至外站。

(10)占位行李（CBBG）：旅客攜帶如神像、貴重或易碎物品時，須裝在箱內而外包裝附有把手，含包裝總重不超過70KGS，占位行李會依照航空公司規定安排。

(11)寵物託運：寵物須放置於符合IATA規定的塑膠航空籠或硬質玻璃纖維並附有透氣的金屬網，寵物箱內動物須自然站立、轉向、躺臥，並配置固定式供水器及食物，託運寵物需要另外收費不可合併免費行李額度，收費方式視旅客的目地區以計件式或計重式收費，臨時性託運可能會被拒絕，因不確定貨艙是否有空間及有無相抵觸的貨物，航空公司可能拒絕承載。

其實一個機場的運務人員所涉及的範圍很廣，要學習的東西很多，並不是所有的專業知識都有辦法記住的，加上各項規定也會異動，所以航空公司會將資料建立在電腦中提供員工查詢。

可攜式製氧機廠牌型號	其他可攜帶上機之電子醫療設備
Invacare Corporation's XPO2	CADD-1 Pump Model 5100
Invacare Solo 2	CADD-PLUS Pump Model 5400
Delphi Medical System's RS-00400	CADD-TPN Pump Model 5700
AirSep Corporation's Lifestyle	CADD-PCA Pump Model 5800
AirSep Corporation's Freestyle	CADD-Micro Pump Model 5900
AirSep Freestyle 5	CADD-Legacy PCA Pump Model 6300
AirSep Focus	CADD-Legacy 1 Pump Model 6400
(Caire) SeQual eQuinox/Oxywell (moel 4000)	CADD-Legacy Plus Pump Model 6500
Inogen One	CADD-Prizm VIP Pump Model 6100
SeQual Technologies Eclipse	CADD-Prizm PCS Pump Model 6100
SeQual SAROS	CADD-Pirzm VIP Pump Model 6101
Respironics Inc EverGo	CADD-Prizm PCS Pump Model 6101
Respironics SimplyGo	CADD-Prizm PCS II Pump Model 6101
DeVilbiss Healthcare's iGo	Sunrise Medical De VillBiss 7305
International Biophysics Corporation's LifeChoice	Newport HT-50
Inogen One G2	CPAP (Continuous Positive Airway Presure)
Inogen One G3	BiPAP (Bi-level Positive Airway Presure)
Inova Labs LifeChoice Activox	
Oxlife's Independence	
Precision Meical EasyPulse	
VBox Trooper	

可攜帶上機的醫療器材型號

資料來源：王姍姍整理

(二)旅客候機室作業

在航空公司的航機作業流程，登機門是最後一個階段，登機門作業主要對象是候機室內的旅客服務、登機作業。由RC掌控航機作業，其關係到航機是否可以準時離境，越接近起飛時間，時間的壓力就更大，登機

門最後的六十分鐘內，必須完成所有的工作。

◆ 證件查核

美、加、歐、澳航線會再次檢查旅客的身分及旅行證件，人蛇集團利用變造護照、簽證的方式或交換登機證等方式提供給偷渡客，買主大多利用從中國如港澳地區，或是中東國家如巴基斯坦、阿爾及利亞，或東南亞國家如斯里蘭卡、印度，歐洲國家如希臘、斯洛維尼亞，非洲如史瓦濟蘭、納米比亞等各國，偷渡至美、加、澳、歐各國，基本上考量人道因素善意留置偷渡客的國家，該國家自然成為人蛇集團下手的對象。

桃園機場無論直航或是轉機的航班很多，近年來更是受到人蛇集團的注意，加上台灣護照目前往很多國家都是免簽或電子簽證的情況，台灣護照更是炙手可熱，近年來美、加、澳各國對於這些偷渡客案件不勝其擾，針對運送航空公司予以現金罰鍰，但仍要求航空公司肩負起從嚴審核旅客的旅行證件，對於航空公司來說罰金更是一筆為數不小的金額，而在登機門執行再次確認旅客的旅行證件及登機證。

近年來人蛇集團的手法不斷翻新，以前都是變造護照或假簽證闖關，現在會利用一些手法去騙執法機關，直接辦真正的護照再辦合法簽證，各國的護照版本、簽證項目不勝枚舉，光靠航空公司本身力有未逮，機場航警局相關單位也願意配合協助伸出援手共同打擊犯罪，也有一些國家的在台辦事處提供專線服務，不定時辦事處人員會在現場協助航空公司辨識證件，共同防堵人蛇集團肆虐。

近年各國發生恐怖分子在機場進行恐怖攻擊事件，有鑒於此，民航局宣布自2016年5月1日起，航空公司都必須於登機時，再次核對旅客的護照與登機證，以進一步強化飛航安全。

◆ 候機室

在候機室的作業主要還是以服務旅客及登機作業為主，候機室電腦

中除了自家登機作業系統之外，還有航空站所提供的系統及配合登機所使用的電子看板系統，登機門人員需測試登機門的設備是否正常，如航班顯示看板是否為正確航班資訊，廣播系統是否正常，才能提供旅客完善的服務。

候機室的工作內容如下：

①提供旅客航機資訊

像是飛行時間、抵達目的地時間、停靠航廈，很多旅客需要提供給接機人員資訊，而對某些旅客來說，飛機的機型或機內設備，遇到特殊彩繪機時也會詢問相關的問題。

②協助解決旅客需求

如更換座位、臨時艙位升等，有些客人因為拿不到自己喜歡的位置，會詢問登機門同仁換位置的可能性，或利用付費或兌換哩程的方式升等艙位，或詢問購買藥品的地方、飲水機位置等問題，詢問登機門的航空公司人員。

③查驗自助報到證件

目前航空公司對於使用自助報到的旅客，其旅行證件航空公司仍需查驗，一般旅客如果需要託運行李，則會在託運的同時執行查驗，如果旅客是直接前往登機門登機，那就會在登機門進行查驗的動作。

④廣播

廣播範圍僅在候機室內，提供手提行李安全廣播、登機程序廣播、尋人廣播、登機廣播。

⑤特殊安檢

飛往美國的班機所執行的特殊安全檢查，因應美國運輸安全管理局（Transportation Security Administration, TSA）的規定，會要求航空公司

及航警局安檢大隊配合，在空勤機組員全數上機後，由安檢人員針對客艙內執行一次安全檢查，稱為「清艙作業」，執行完畢後所有旅客才能上機，航空公司提供TSA的抽樣旅客給安檢人員，針對該名旅客所攜帶的手提行李再一次進行人工檢查，為確保飛美航班的安全性。

⑥手提行李

　　航空公司對於旅客手提行李均有所規範，一般經濟艙旅客每人可帶一件手提行李重量不超過7公斤，登機門如果遇到超大、過重的手提行李，則會要求旅客考量到飛行安全的問題，要求旅客將手提行李託運，也可能因為已超過免費額度的情況下，被要求支付行李超重費用。輔助器、拐杖、義肢、醫療器材或輔助用品、嬰兒用品、神像、骨灰罈等不在此限，攜帶的手提行李放置於座椅下方或上方行李置物櫃。

手提行李標準展示圖

圖片來源：全日空航空官網說明

⑦特殊旅客協助

1.輪椅旅客：優先登機，因為輪椅必須要空橋中或機艙中行進，容易撞到其他旅客，所以輪椅旅客都會先行登機。

2.單獨旅行兒童：須將小朋友及護照親自交接給空服員，認識小朋友及機內服務。

3.特殊協助旅客：大多為語言問題或年紀大或第一次旅行的旅客，協助提醒他們登機。

4.占位行李：旅客會攜帶不適合託運的物品，如大提琴、神像、骨灰、貴重物品，物品需要請空服員固定在座位上，避免因為遇到亂流導致傷害，所以也會請旅客先登機，像大提琴這種比較大型的物品為了固定在座位上，所需要的時間也會比較多。

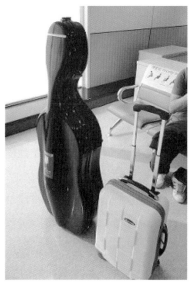

隨身的占位行李　　　　　　占位行李上機後要固定在座位上

圖片來源：王姍姍拍攝

5.服務性動物：導盲犬、心靈撫慰犬，會請旅客先行登機，讓服務犬能先到適當的地點等候。

6.製作機上文件：根據電腦中班機資訊，提供給空服人員機上服務使用以及目的地站所需求的文件，須準備的資料如下：

(1)旅客資訊清單（Passenger Information List, PIL）。

(2)旅客座位圖（Seat Chart）。

(3)旅客艙單（Passenger Manifest, PM）。

(4)特別服務名單（Passenger Special Service Manifest, PSM）。

(5)旅客轉機名單（Passenger Transit Manifest, PTM）。

上述資料會依照目的地國要求而有所不同，所列出的為基本需求。

7.確實掌握上機人數：協助找尋尚未登機旅客，利用航空站內廣播提醒旅客，或請其他同仁依照電腦內性別、年齡的方式去尋找旅客，有時旅客因為逛免稅店而忘記時間，或走錯登機門，或轉機旅客睡著等因素導致最後無法上機，為了能讓班機準時離境，會將未上機旅客的行李卸下，同時更正電腦資料。

(三)機坪作業

航機作業，在航空公司來說都有其規範，從航機的起飛時間往回推兩個半小時開始，什麼時間點該作業單位作業要達成，但由於航機的情況不同所以順序不一定會按其標準，在航機邊作業單位很多的，而在各個單位作業中取得聯繫及協調，負責掌控班機作業時間的機邊人員，稱之為機邊作業協調員（Ramp Coordinator, RC），RC要記錄所有作業單位工作的起迄時間，延誤時須瞭解其原因提供事後檢討。RC背負著時間壓力，其抗壓性也要高，雖然不盡屬於運務工作的項目，卻是與運務有著密不可分的關係。

RC職責介紹如下：

◆航機

是否已到達停機坪，如果沒有，要詢問原因並瞭解其狀況。

◆空勤組員

是否準時抵達，延誤時其準備工作是否會影響登機作業，準備航機特殊旅客的機上資訊給空勤組員，或其他應注意事項。飛行計畫（flight plan）修正，通常會因為航路或是目的站天候不佳，才會臨時修正油量或更正其他數據。

◆機內物品、清潔準備工作

如餐點、機內之用品是否都已經上機，清潔工作是否已經完成，點餐人員是否開始核對餐點，機內所需備品是否有短缺或不符，包含餐具、影片、侍應品、免稅品；機內設備有無損壞需維修或更換，RC需聯絡相關單位進行確認或更新。協助空勤組員處理機艙內的事務。

◆機務作業

每一架飛機都有一位機務人員專職服務，完成航機例行檢視即與機長交接完成，油車是否已執行加油工作，機內是否有設備需更新或維修，有無執行更換輪胎作業，必須掌握維修時間。

◆機坪作業

由於機坪作業都交由地勤代理公司負責，工作地點主要皆位於機場航站大廈和跑道中間地帶的停機坪區域，也就是機場設施分類中的空側端，每一個航班都有一組勤務人員，該組的勤務領班與RC負責聯繫，其

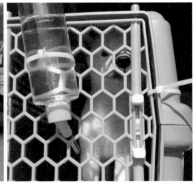

寵物行李櫃 等候上機的寵物

加油車及雨遮滾帶車 蛋黃哥彩繪機機

圖片來源：王姍姍拍攝

合作關係密切。地勤代理公司的各式工作車輛，如加水車、拖車、裝卸車等，執行作業狀況，人員是否依照「航機裝載表」執行作業。旅客的行李櫃、貨物盤櫃是否依序上機，活生動物（AVIH）的狀況，因為轉機的關係在籠子內時間比較長，其精神狀況是否良好。

於飛機停靠地面期間，提供飛機外部的電源供應、壓縮空氣供應、冷氣供應，因為飛機本身無法在引擎關閉期間提供電源或冷氣時就會借助地面工作車提供。

寵物的運送，是使用寵物行李櫃運送到飛機旁邊，等候上機。

◆登機作業

　　旅客上機的時間掌控，能否準時登機，像是攜帶占位行李、嬰兒座椅、服務犬隨行、攜帶骨灰的旅客先行登機作業，如果旅客在機艙內有任何問題需協助空勤組員解決。如有特殊勤務如擔架，會事先得知其擔架作業是屬預先架設，或是當班機使用，需上機確認擔架設備是否已經安裝完成。如果一架飛機超過10台以上的輪椅，會讓登機時間顯得更加緊迫，登機門時間的控制也都要估算。

　　當有旅客行蹤未掌握時，為能讓班機準時離開，會先將旅客的託運行李卸下機艙，並且報告機長目前的狀況，同時請地勤代理公司的領班開始執行動作，在行李拉到後旅客仍未掌握的情況下，就會更改旅客、行李的數量及重量，也就須更改「載重平衡表」（Load Sheet），也需告知機空勤組員。

◆放行作業

　　當貨艙作業接近完成，旅客也已全數掌握，航機引導人員、航機拖曳車、機場空橋的操作人員是否都已就位，就可以報告機長作業即將結束，可向塔台要高度及執行後推準備，地面作業全部結束也跟空勤組員確認清楚後就可以關門放行。

(四)突發異常狀況處理

◆炸彈恐嚇

　　旅客可能因為不滿意航空公司的服務，加上法治觀念淡薄也不瞭解法律法規，或旅客自以為幽默、開玩笑方式告知機場服務人員，以恐嚇威脅方式表達在班機或行李內放置爆裂物；甚至在空中因旅客間的衝突或不滿空服人員而謊稱機內有爆炸物品，這些都屬於恐嚇行為而觸法。

　　航空公司遇到炸彈恐嚇威脅，都有其標準的SOP流程，是電話恐嚇或現場旅客恐嚇，或是收到炸彈恐嚇信件，航空公司可向機場的航空警察局報案並且請求協助。樂桃航空在2013年12月桃園機場起飛的某一航班，因為日本公司接獲炸彈恐嚇電話，立即請桃園機場及相關單位協助疏散機內旅客及機組員，並將所有行李櫃、貨盤皆全部下機，包含機艙內所有可能放置爆裂物的地方，皆會再次經過一次安全檢查，航空公司遇到恐嚇威脅時，皆以小心謹慎的態度，即使只有1%的可能性，寧可延誤也要確認是否真的有爆裂物，確保旅客的安全。

　　民航局指出，台灣的民航法105條規定，謊報機上有炸彈，可處三年以下有期徒刑、拘役或一百萬元以下罰金；若發生飛安危險，可處三年以上、十年以下有期徒刑；若有飛機毀損或人員傷亡，更可處無期徒刑或五年以上有期徒刑。

◆ 班機返航（return flight）

　　作業完畢的班機滑行離開停機位，再回到原停機位或班機已起飛後因故返回機場，都稱之為返航。班機不會沒有理由的返航，通常是旅客生病、機械故障、目的地機場關閉、遭遇不可抗力的天氣因素，如晴空亂流。返航不是件輕鬆的事情，得視其原因來決定處理的後續，甚至航班飛不飛？還是要取消班機？還是延誤起飛？處理的方式也不同。

　　幽閉恐懼症，是一種對密閉空間的焦慮症，這樣的旅客從外表上看不出來，當旅客進入機艙後焦慮感會漸漸升高，尤其在機門關閉航機移動時，控制不住恐慌的感覺時會突然要求下機，考慮旅客身心及飛安的考量，機長會跟先向塔台報備後，讓航機返回原登機門，讓旅客下機並且卸下旅客的行李，班機延誤是不得已的做法，返航前機長也會向旅客解釋，再由機場運務人員接手處理旅客的後續。

◆班機延誤（flight delays）

　　班機延誤可能是航機有機械問題、塔台管制、天候因素、旅客生病或是找不到旅客時要卸載旅客託運行李而延誤。像是遇到航機系統異常時，會因為檢測時間不確定，就必須先給予解釋說明並安撫旅客情緒，當時間預估需要更長時間時，會依照時間長短準備點心、飲料或是餐點提供給旅客使用，當決定更換飛機執行飛行任務時，那已經上機的旅客就要再下機等候更換飛機，延誤的時間越久所影響的層面就會更大。

　　除冰，台灣是熱帶國家都不會使用到，但像是日本、韓國、美國等寒帶國家就可能會執行此項任務，除冰時間則需要視飛機的機翼結冰狀況，所以延誤的時間也不確定。

◆臨時取消航班（flights canceled）

　　像是目的地天氣持續不佳或特殊因素，如火山爆發的火山灰或是大霧，像是2001年9月11日發生在美國本土的襲擊事件，稱之為911事件，導致全美機場關閉，全球飛美班機全數返航；像是日本在2011年3月11日發生東北地方太平洋近海地震，稱為311大地震，同樣附近機場關閉，班機也是返航或取消。屬於天災無法預估的情況下，只能向所有旅客廣播致歉並且說明處理後續，並請旅客先行離開機場，等隔日或靜待後續狀況重新訂位再來搭機。

◆班機改降（flight diverted）

　　班機降落至不是原訂的機場，因故無法降落原訂機場時，稱之為改降。天候因素、機械問題、旅客生病、機場因素等問題。如罷工，在歐洲最容易發生，像是航管、機組員罷工，造成飛機無法執行任務，事先知道還可以取消航班，但如果班機已起飛，卻臨時宣告罷工，而班機已離啟程地太遠而無法返航，就會選擇備降機場降落，才有地勤代理公司人員可以處理旅客後續問題，遇到有轉機的旅客就需要協助更改航班。

◆技術降落（technology landing）

飛行途中因為機械故障或不得不暫時停止飛行的情況下，暫時停在某一處的機場而言。每一架航機在執行任務前，雖然都評估各種狀況後才製作飛行計畫，但高空逆風過強導致油耗過大時或航程太長必須技術性落地加油，就會選擇設定中的備降機場進行補油後再原機啟程至目的地。

✈ 四、入境及轉機班機作業

一個航空站要迎接一架入境航班，不是只有航空公司，航空公司在前一天將自家公司的出、入境航班資訊，提供給航空站知道，要安排停靠機坪、要製作航站內的資訊看板、入境行李轉盤的安排，同時段的行李推車是否足夠，移民署、海關人員調派等。

每個航班能順利的準時抵達，是每位運務人員的心願，但是天有不測風雲，可能因為飛行途中天候不佳，也可能因為機場管制導致晚起飛，或目的地機場流量管制導致航機無法準時抵達。桃園機場就曾經因為跑道整修關閉，只開放一條跑道提供飛機起降，當時機場的流量管制就相當嚴重。

班機起飛後，系統設定會自動彙整傳輸，將航班的相關資訊告知目的地場站，如旅客人數、特殊旅客、轉機旅客等等，但每家航空公司使用的系統不同，傳輸的資料也有所差別，但基本上系統都是連線情況下，可以直接進系統看到相關的資訊，但一些特殊需求，就必須參考相關電報內容。

起程站會以電報方式告知入境場站預估航班抵達時間（ETA），預計抵達的時間就是在班機實際起飛後加上預估的飛行時間，就可以估算出預計抵達目的地的時間。

(一)旅客到站

　　迎接一架飛機回來，事前的準備工作有很多，現場等候的相關單位也不少，除了要迎接旅客的運務人員、機坪各種作業人員、機務人員、空橋操作人員均需抵達待命，所有作業人員會在班機降落前即抵達停機坪等候航機的到來。

　　接機的運務人員會看電報及在電腦中確認該班機有無特殊旅客，再依據其情況準備所需提供服務的工作：

1. 輪椅服務：接機同仁會確認輪椅人數及輪椅種類，通知輪椅負責單位準備需要的輪椅數量提供旅客使用，如果有旅客自備輪椅並且要求機艙口使用，需請機坪同仁將輪椅送上機艙口。

2. 單獨旅行的孩童（UM）：會事先聯絡設定旅客接機親友，班機預計抵達時間，並約定好時間、地點接小朋友，抵達後空勤座艙長會親自將小朋友及相關文件交於接機人員，通過移民關、提領行李後，確認其親友身分後確實點收文件。如果UM需要轉機，則會交由同仁專責陪同等候轉機，保護並提供必要的協助，再將UM帶至出境登機門交接。

3. 單獨旅行的青少年（YP）：基本因為還算是小朋友，所以會提供類似UM服務的方式，差別在於旅行證件是小朋友自行保管，所以不需要與親友交接，僅需交給親友即可。如果小朋友需要轉機，會比照MAAS的模式，將小朋也帶至登機門等候轉機，但是小朋友是年紀太小或轉機時間過長，則會由運務人員先行照顧，等接近登機時間再送到登機門。

4. 需要特別協助的旅客（MAAS）：第一次旅行的旅客、語言問題、單獨旅行視障旅客、聽障旅客、年長旅客，會依據旅客的需求提供服務，可分成入境旅客或是轉機旅客，台籍旅客回到台灣基本上都

不需要協助，除了年紀大的旅客或是視障旅客仍會需要協助，其他轉機旅客因為不知道轉機流程，所以需要運務人員協助。

5. 機邊服務：航空公司將旅客託運的嬰兒車、輪椅、助走器等，因應旅客要求，提供旅客機邊服務，也就是一下機後可立刻拿到嬰兒車等旅客需要的物品，尤其對於轉機旅客，轉機時間長達數小時，拿到嬰兒車或任一走路輔助器，讓旅客可在航廈中自行活動；每個機場還是有其限制，所以也不是每個機場都能提供此服務。

6. 寵物託運（AVIH）：入境，可請旅客直接通關再去行李區航空公司的辦公室處領回；轉機，則會送至行李區域暫時安置，如果主人提供飼料，可提供餵食服務，大多主人會關心寵物的狀況，會詢問過寵物狀況後回報。

777型飛機標線

地標線

圖片來源：由Felice chang提供

　　航機抵達時，有地面上的地勤代理公司人員指引機長將航機停妥於停機位上之標線內，停妥後放置輪檔，再由機務人員使用耳機與機長通話，確認沒有問題後，空橋即可執行靠機作業，其他地面作業車輛也可以開始執行卸載任務，如卸載行李櫃及貨物。

　　航空公司接機的運務人員都會接受各種航機的開、關門訓練，取得許可後才能執行航機開、關門的任務，必須確實執行開門SOP，開門後會與空勤座艙長進行交接，拿到機上文件後就可以讓旅客下機，另一位同仁站在入境處向旅客致意及指引方向，並且回答旅客的詢問，解決旅客的問題，等待所有旅客、機組員都全數離開後，就完成接機作業。

(二)過境旅客及轉機

　　旅客出國時會從航空公司或票價上選擇，飛行模式可選擇直飛或轉機的航班，轉機點也可能要一個以上才能到達目的地；直飛航班也會因為航空公司擁有第五航權選擇中停站，除了可以上下旅客、貨物之外，補充餐點、油量也是絕對的考慮原因。旅客選擇轉機航班也可能是兩家航空公司以上，畢竟每一家航空公司所能取得飛航點不同。

　　為什麼有Transfer也有Transit，差別是什麼？

　　搭乘前後不同的班號由甲地經由乙地前往丙地，而這兩個航段使用不同班號，甚至是不同的航空公司，例如台北到香港搭乘中華航空班機CI641，接著在香港轉搭英國航空BA26前往LHR倫敦，搭不同的航空公司，在中途站換飛機，我們稱為Transfer，轉機。搭乘一個班號，但是由甲地前往丙地的過程中會在乙地停留。例如，長榮航空BR067班機，從台北出發，中停曼谷再原班機到倫敦，旅客雖然有下機，但仍然是原班機號至目的地，我們稱之為Transit，過境。

　　機場內航空公司越多，所停靠的班次也多，那轉機旅客的數量也會越大，所以機場內就會有轉機櫃檯，航空公司可以提供轉機旅客服務。協助

旅客轉機也是機場運務重要的一環，無論旅客是哪一種形式轉機，能順利銜接上航班就是最重要的，最短轉機時間（MCT），旅客的行程遇到轉機時，就必須特別注意轉機時間是否充裕，每個機場都有其作業標準。

◆轉機

旅客轉機，如果選擇搭乘同一家航空公司，雖然不同航班號碼，但是旅客在啟程地可以拿到兩個航段的登機證，稱之為through check in，行李也會直接掛到目的地，期間旅客就只要在中轉站順利找到登機門搭機。

但轉機不是只有同公司才能拿到登機證，目前航空公司的三大組織，星空聯盟、天合聯盟、寰宇一家，聯盟的會員間轉機，旅客也是可以直接拿到登機證。或航空公司間簽訂合作契約，旅客在劃位時系統還是可以through check in，讓旅客可以拿到兩個航段的登機證。

就運務來說，入境航班都有負責人員檢閱該航班的轉機資料，在航班起飛後，運務人員會有核對的動作，如果轉機資料中，旅客所轉的航班是其他家航空公司，就會通知下一個航段的航空公司確認旅客的訂位，並且提供行李資料給該公司，核對的資料如果有問題，就會尋問旅客釐清問題的地方。下機處機場都會有指引的標誌，指引旅客至轉機櫃檯報到，很多機場都不只一個航廈，以桃園機場來說分成兩個航廈，分成四個轉機櫃檯，依據航空公司所在之航廈為主，旅客則需要去所在的轉機櫃檯辦理劃位。例如，長榮航空的旅客要轉國泰航空，長榮航空是停靠在第二航廈，而國泰航空是停靠在第一航廈，而旅客必須至第一航廈的國泰航空轉機櫃檯辦理報到手續。

◆過境

同一架飛機執行飛航任務但經過中停站時，機上組員會請所有的旅客帶著隨身行李下機，續航的旅客下機口就會拿到一張「過境卡」，經過安全檢查後再抵達登機門，以「過境卡」再次登機。

◆隔夜轉機

隔夜轉機（Stopover On Company's Account, STPC）：當航空公司無直航班機飛行於兩地之間，其旅客必須依照航空公司接駁班機，於中途轉機點停留，並且由航空公司提供免費住宿及其相關費用，以便增加跟有直航班機之其他航空公司的競爭力，費用支付範圍包含旅館費用、餐費、接駁車費用、機場稅等相關費用。

目前台灣僅開放國籍航空公司，其中轉旅客必須是擁有台灣的簽證或屬於免簽證國家，此方式不適用於本國籍旅客，大多數的旅客其目的地都是美、加地區，像是出發的國家印度、菲律賓、印尼、越南等國旅客，另外9月1日起新增柬埔寨、緬甸、寮國都可以申辦東南亞各國的免簽證，又可線上申請非常方便，行李則是出發時即已掛至目的地，在中轉點除非因健康因素而一定要使用之外，將會集中保管到下一個航班為止。單獨旅行的兒童（UM），是不提供隔夜轉機的服務。

(三)行李作業

◆入境行李

班機抵達後，機坪地勤公司作業人員最優先處理下機就是行李櫃，立即送至行李輸送帶作業區，將行李送上轉盤後讓旅客自行提領行李，旅客可在航站所設立之行李提領顯示板中找到該航班的轉盤。

行李轉盤附近有航空公司的辦公室，有運務人員在入境班機抵達時，站在行李轉盤邊協助旅客，另外一些特殊行李是無法送上行李轉盤，會另外送到航空公司辦公室讓客人認領，如電動輪椅、託運的寵物、腳踏車、滑雪板及設備等大型物品。運務人員也會在轉盤邊提供旅客需要的協助，像是帶嬰兒出門的媽媽，又要推嬰兒車又要推行李車而分身

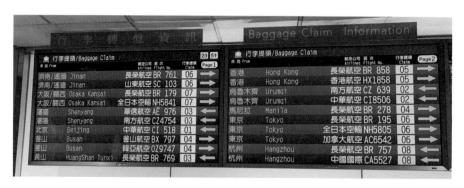

入境行李轉盤告示

圖片來源：王姍姍拍攝於桃園機場

乏術；像是寵物要先至動植物檢疫處申報，提供檢疫處櫃檯資訊；一些外國遊客也會詢問旅遊問題，協助旅客提供資訊也是服務的一環。

各國機場都有行李轉盤告示，提供需要提領行李的旅客資訊。

◆卸載作業

班機起飛後出發場站會將飛機的裝載紀錄表，以電報的方式告知目的地站，內容標記出各式行李櫃、各式貨物盤櫃，或特殊行李如活生動物、電動輪椅、嬰兒車等資訊在飛機上的位置區域。

卸載表的目的是告知地勤公司的作業人員，將飛機內所裝載的東西能送至該航空公司所要求送達的地點，像是行李櫃就要送航站內的行李作業區域，貨物則需要送至貨運站的作業區域，旅客要求在機艙口使用的物品像是嬰兒車、助走器，就立即送上空橋交由接機的運務人員，讓機坪的地面作業人員能順利快速的完成作業。

◆異常狀況

①行李遺失（AHL）

行李遺失的原因有很多種：

1. 轉機行程多：轉機航班兩個以上的班次就算多，行李有可能在任何一個轉機點就沒跟上，造成旅客到達目的地而行李未到。

2. 轉機時間不足：每個機場都有其基本作業時間，一旦航班因故晚到，就有可能造成行李銜接不上，但是旅客已順利銜接航班抵達。

3. 機場安全檢查：行李內容物可能因為懷疑是不能攜帶的物品，就會被要求打開檢查，當旅客本人不在時，會因為延誤受檢時間，而造成來不及裝載而未上機。

4. 啟程地或中轉站的機場之行李分檢系統異常：行李箱上的行李條就是行李分檢系統判讀的依據，將行李送至該航班的區域，該行李未出現在作業區就會造成行李短少，因為當行李無法判讀時，會導致行李卡在系統內而延誤卸載時間，造成未上機的狀況。

當旅客確認行李短少時，需將手上的行李收據出示給航空公司，受理旅客遺失的申報後，會請旅客提供行李的顏色、樣式、品牌、行李特徵等資料，成立「行李異常報告」檔案，查尋短少的行李。如果旅客遺失行李收據，航空公司基於服務立場也會幫忙尋找，但是如果仍然找不到，航空公司也不會賠償的。

②誤拿或多拿行李

大多數機場並未要求旅客出示行李收執聯提領行李，而是採取自由心證讓旅客自行認領行李離開，一般行李箱的顏色大多為紅、黑、咖啡、藍色，樣式也是多數人都喜歡的拉桿式行李箱，即使是名牌行李箱在行李轉盤中也能出現好幾個，所以誤拿的情況仍會發生。

當旅客找不到行李時，一樣是出示行李收據給航空公司，處理方式跟行李短少是一樣的模式，因為還無法釐清其原因，成立「行李異常報告」檔案後協助尋找行李，誤拿就是等其他旅客出現後才會得知其狀況。

③行李損壞（DPR）

　　行李箱在運送過程中導致行李損壞，像是破損、撕裂造成行李箱毀損，旅客就會向航空公司申報損害賠償，對於行李外觀上如刮痕、行李鎖頭遺失、行李外皮髒汙、行李箱托帶遺失等，航空公司是不接受賠償，在行李條的後方有行李損壞確認，如果旅客已簽名，表示行李在櫃檯託運時已有損害，航空公司將不賠償。

　　航空公司受理後會針對損壞的部分拍照存參，成立「行李異常報告」檔案，再交由專業行李維修廠商評估維修，另外，行李箱內的物品如果有損傷或是髒污，這部分航空公司也是不受理賠償的。

④行李內容物遺失（PIL）

　　當旅客打開行李發現行李內的物品不見時，會向航空公司申訴，通常會先詢問旅客行李箱是否有被破壞的痕跡，如果是美國地區回來的行李，很有可能行李被TSA檢查的緣故，會先請旅客上TSA的網站去做查詢。旅客申報行李內容物遺失時，放置於託運行李之易碎品，如花瓶、畫；貴重物品如珠寶、古董、現金、有價證券；電腦相關周邊、3C產品，如手機、攝影機、音響、合約等物品，是不予賠償的。

　　受理申報時，會直接請旅客填寫「行李調查表」成立「行李異常報告」，如果旅客要求報案，將陪同旅客一起至航警局報案，或旅客已離開機場也可自行前往一般警察局報案，再將案件轉到航空警察局，由航空公司協助調查即可。

◆狀況處理

①行李遺失

　　當旅客申訴行李不見時，行李轉盤邊的運務人員會先向旅客收取行李收據，必須要先做基本相關的檢查，就行李轉盤上剩餘的行李去核對。

1.查詢電腦中有無行李異常訊息。

2.就該航班機行李資料進行確認。

3.請原本的行李作業區域的人員再一次確認是否有行李。

4.行李輸送帶附近確認是否有不慎滯留的行李。

5.行李轉盤上是否有相同樣式、顏色的行李。

6.旅行團，同一個旅行團的行李其實都會先做標記，是否由其他團員先行帶走。

受理旅客遺失的申報，會請旅客提供行李的顏色、樣式、品牌、行

行李調查表 Baggage Inventory Form　CHINA AIRLINES

| 案件編號 Ref. No. | | 行李遺失: Missing Bag. □ | 行李損壞: Damage Bag. □ |
| | C I | 物品遺失: Missing Item. □ | 物品損壞: Damage Item □ |

請用正楷填寫 Please complete this form in BLOCK letters.

旅客資料 Passenger Information　女士 Mrs.____ 小姐 Ms.____ 先生 Mr.____

姓 Surname　名 First Name

聯絡地址　(宅/R):
Contact Address　(公/B):

電話號碼 Tel No.　(宅/R):　(公/B):

行動電話 Cell phone No.:　傳真號碼 Facsimile No.:

電子郵件信箱 E-mail Address:　機票號碼 Ticket No.:

國籍 Nationality　護照號碼 Passport No.　年齡 Age

職業 Occupation　服務單位 (公司/行號名稱) Employed by　職稱 Position

會員卡號 Frequent Flyer No.　同行旅客人數 Number of passengers:　兩歲以下幼童人數 Infants (under 2 Yrs.)

以前是否曾向航空公司申報行李意外事件？是____ 否____
Have you had previous mishandled bag claim to any airline? Yes____ No____
如曾申報，請列出申報航空公司、日期及地點。
If yes, give the name of the Airlines, Place where you reported and When.
航空公司/Name of Airline:____　日期/地點 Date/Place:____
賠償額若干 The Amount of compensation you received:____

行程 Complete Itinerary

航空公司 Airline	班機號碼 Flight No.	搭乘艙等 Class	日期 (日/月/年) Day/Month/Year	自(機場) From (Airport)	至(機場) To (Airport)

行李資料 Bag Information

行李 Baggage　件數 No. of Pcs.　重量 Weight　行李號碼/目的地/行李箱上姓名、團記 Tag No., Destination, Name/Identification on bag.
託運 Checked
收到 Received
遺失/破損 Missing/Damaged
行李重新託運於 Baggage rechecked at ____ 機場 Airport / 日期 (Date):____
行李最後見於 Baggage last seen at ____ 機場 Airport / 日期 (Date):____
是否支付行李超重(組件)行李費用？是____/否____。如果「是」，超重行李的重量(件數)、金額及收據號碼？
Any Excess Baggage Charge been paid? Yes____/No____, if yes, excess weight (piece) and amount paid for receipt number:
是否申報行李保值並交付報值費用？是____/否____。如果「是」，行李保值手續費金額及收據號碼？
Any Excess Value Declaration Charge been paid? Yes____/No____, if yes, amount paid for Excess Declaration and receipt number:
行李是否投保？是____/否____。如果「是」，請註明保險公司名稱、地址、電話號碼、傳真號碼及保單號碼。
Did you insure your baggage? Yes____/No____. If yes, name/address/telephone/FAX No. for Insurance Company:
____保單號碼 Policy No.:____

請將行李內容物品逐項列出，每一張調查表適用一件行李。
Please give a detailed itemized description for the contents in the bag. Use a separate sheet for the next bag.

行李箱描述 Suitcase Description

| 廠牌名稱 Brand Name | 顏色 Color | 質料 Material | 尺寸 Size | 購買日期 Purchased Date | 購買價格 Price paid/Currency |
| | | | | | |

遺失物品清單/購買價格超過一百美元(等值)物品，請附購買單據。Missing Article(s) Inventory List / Purchase receipt(s) or proof of ownership for all article value at US$100.00 (equivalent) or more must be attached.

品名 Article	數量 Qty.	廠牌/型號/尺寸/顏色/質料 Brand/Model No./Size/Color/Material	購買地點 Place Purchased	購買日期 Date Purchased	購買價格/幣別 Price paid / Currency
					購買總價/幣別 Total Cost/Currency

本人謹此保證上述填具事項均屬實且完整無誤並同意本表列資料於行李查尋及賠償處理過程中可能被公開。
I hereby warrant that the forgoing o be Ture, Accurate, and Complete, I also agree the data listed probably will be released during bag tracing and compensation procedure.

旅客簽名 Signature of Claimant:　日期 Date:　地點 Place:

注意：請將所有資料影印備份自行保存及本表不涉及任何賠償的承諾。
對於託運行李遺失或損壞的賠償額度，除非您預先申報較高價值，並已繳付相關費用，否則中華航空公司將依照符合現行國際航空法規之應負權責範圍內予以有限度責任的賠償。有關應負權責的損害賠償，係依據華沙公約(Warsaw Convention)、蒙特利爾公約(Montreal Convention)所制定之規範及中華航空運送條款有關行李承載的相關規定。

Note:　It is very important that you retain for your record a copy of all documents sent to us, acceptance of this form is not an acknowledgement of liability.
Liability for loss or damaged checked baggage is limited in accordance with the relevant convention governing international air travel unless a higher value has been declared in advance and excess value charges have been paid. The liabilities for appropriate compensation governed by relevant convention are subject to the provisions of the applicable Warsaw Convention or Montreal Convention, and the terms of China Airlines' Conditions of Carriage

行李內容物調查表

圖片來源：中華航空官網

李特徵如名牌、特殊標記等資料，成立「行李異常報告」。行李查詢部門
人員，每天在系統中進行比對的工作，每隔兩天跟旅客回報進度並且致
歉，成立檔案的五至七天需填寫「行李調查表」，可以針對內容物的部分
進行進一步的比對工作。

② 行李損害

　　一般行李箱損壞，大部分是可以修繕解決，但是遇到觀光客就會比
較麻煩，因為大多數觀光客都是停留幾天就會離境，所以旅客也可以選擇
回到自己的國家後再進行維修。當維修廠商表示無法修復或是不值得修繕
時，檔案就會直接轉到行李理賠部門進行賠償事宜。

③ 誤拿或多拿

　　確認行李拿錯後，航空公司會成為雙方居中的協調者，協助旅客取
回自己的行李，偶而會發生不同航空公司的旅客拿錯行李，則會由分屬的
航空公司共同協助旅客取回各自的行李。

④ 手提行李遺失或是懷疑物品遭竊

　　無論是在機上或是行李轉盤邊，手提行李都屬於旅客個人保管的物
品，如果因為遺失或是懷疑遭竊，航空公司會協助旅客至航警局報案，當
旅客是外籍人士時會協助持續關注調查後續，一旦尋獲，航空公司會基
於服務的立場，幫忙將該物品歸還原失主或是運送至外籍旅客所在地的機
場。

◆ 賠償標準

　　依據國際航空運輸協會（IATA）對於旅客行李遺失作業時，如果旅
客的行程是二段以上的行程分別是不同的航空公司時，是依照國際慣例向
最後一家申報遺失，針對行李的延遲、損壞或是遺失時，由最後一家航空
公司負責賠償事宜，之後再根據發生的原因，由航空公司自行協調負擔

的比例。舉例，從台灣搭乘中華航空去香港再搭芬蘭航空到赫爾辛基機場，行李遺失時負責申告及處理後續運送、賠償都是由芬蘭航空負責，反之，回到台灣時就由中華航空負責。

①行李延遲費用

　　尤其是非本國籍的旅客，沒有行李的情況下會要求航空公司賠償，每一家航空公司規定不同，然而航空公司對於座位艙等不同所賠償的金額也有所高低，亞洲航空公司都是支付現金，歐洲的航空公司都是請旅客上網申辦比較多。

②遺失行李或是內容物遺失

　　都在成立檔案的二十一天後，會從行李查詢部門轉到行李賠償部門，由專職人員負責與旅客溝通協調談判，國際航線的賠償標準，依照現行國際航空法規之應負權責範圍內，係依據華沙公約（Warsaw Convention）所制定之規範予以有限責任的賠償，是以每一公斤賠償美金20元，行李重量就以託運時的重量為基準。專職理賠人員會跟旅客聯繫針對賠償問題進行溝通，但是如果旅客所提出賠償的金額超過理賠部門的權限時，則會簽呈上報至總公司的主管部門並與法務部門溝通後，再跟旅客進行進一步的溝通協商尋求共識。

③行李損壞

　　在行李無法修復或是維修費用過高時，直接與旅客談賠償事宜，賠償的部分會依據行李使用的程度做參考，當旅客同意賠償金額達成協議後，會請旅客簽署「賠償同意書」後將賠償達金額交付旅客，即完成賠償程序。

④提領錯行李或多拿行李

　　因為運送行李所產生的運費，會請責任方旅客支付，如果是互相拿錯

行李而又各自帶離機場時，會請旅客互相交換或請旅客以快遞方式歸還對方，如果遇到不願歸還的旅客，會進一步協商旅客或請航警局出面協調地方警察局協助處理。航空公司雖然對於這部分的行李延遲是不賠償的，但對於居中協調的過程中仍會善盡其責，期望讓旅客的傷害減到最低。

⑤ 手提行李

旅客自身的隨身物發生遺失、互相拿錯、被多拿行李的情況時，對於無法尋獲的情況下，航空公司因並不具保管者的身分，所以這部分不會予以賠償。

◆ 行李系統介紹

航空公司目前普遍使用的系統稱為「WorldTracer」，是一套具有行李多項功能的系統，由國際航空運輸協會（IATA）與國際航空電訊協會（SITA）所共同開發的一套系統，之前各家公司會依照自身需求而去選擇行李系統，由於各家航空公司獨立作業，導致追查行李時必須發電報去詢問每一家航空公司、每一個機場的行李狀況，會耗費很多的時間來做追查，為了能提高追查行李的效率，同時又能降低搜尋的成本，所以開發這套系統做一個整合，這樣航空公司只要將自家所有行李的資料放進這套系統中，所使用的航空公司都可以參考所有的相關資訊。

WorldTracer這套系統擁有自動查詢行李、行李管理分析、賠償資訊、網路服務等功能。茲就其功能分述之：

① 自動查詢行李的功能

當成立行李失蹤報告後，系統會先將資訊自動傳輸送至相關機場，再自行交叉比對後給予建議，或由自行搜尋系統中世界各地機場的信息去做比對。各家航空公司會將滯留的行李輸入到電腦中，方便系統進行比對。行李會滯留在機場，有主要幾種原因：

1. 轉機時間不足：兩個以上的航班在銜接的過程中，時間不足導致行李沒上機滯留中轉站。

2. 旅客更改行程：旅客在旅行途中因為天候不佳或未順利轉機，航空公司安排新的替代航班，旅客中途臨時更改行程，也會造成行李滯留在中轉站。

3. 行李條遺失：行李條是行李箱的身分證明，上面有行李牌號碼、旅客姓名、訂位代號、旅客的航班資料，一但行李條遺失後行李分檢系統就無法判讀，無法將行李送至正確的行李作業區域，也因為無法分辨，包含行李樣式、顏色、品牌等，行李箱的資訊越詳細對於比對的過程中越清楚呈現，如果行李箱上有旅客自己掛上的名牌，在比對上會更具有功效。

　　IATA針對行李顏色、樣式都有統一制式的規範，**圖一**和**圖二**是IATA所制定出行李識別圖（Baggage Identification Chart）。

　　圖三為開立遺失行李檔案時的部分內容，輸入旅客的相關資訊，依序為名字、稱謂、行李牌號碼、行李箱顏色樣式、行李箱品牌、旅客行程、班機號碼、機票號碼、地址等資訊。像是行李箱顏色樣式就要參考行李識別圖統一的規格，以代號的方式簡單清楚的呈現，不必用敘述的方式寫出來，以免因為國家所習慣使用的字眼，增加理解辨識的困難度。輸入完畢後會出現正式的報告書，如**圖四**。

　　航空公司成立AHL行李遺失報告書，是航空公司所開立的證明文件，如果旅客有旅行保險需要證明就可以出示此份文件。

② 行李管理分析功能

　　當每個案件在結束的同時，系統都會要求輸入其因，也就是輸入發生異常的種類及發生場站，無論是不可抗力或人為因素，可以自系統中分析任何一個區間，設定特定案件，發生的原因的統計報告，統計的數字也不單僅是

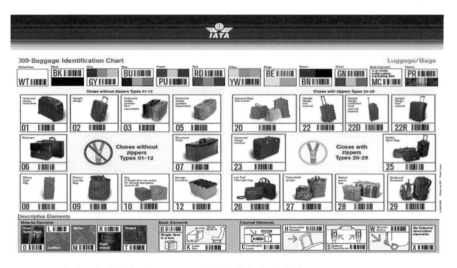

上方，顏色的設定，每一種顏色有其設定的代號
中段，行李箱的樣式，再區分成拉鍊式行李箱或是非拉鍊式硬殼箱
下方，其他描述，行李外觀、材質、零件等

圖一　IATA的行李識別圖(一)

圖片來源：王姍姍拍攝

上方，顏色的設定，每一種顏色有其設定的代號
中段，獨立的物品，如狗籠、嬰兒車、高爾夫球具、輪椅、樂器歸納出39種，
加上其他物品共40種選項

圖二　IATA的行李識別圖(二)

圖片來源：王姍姍拍攝

AHL

NM WANG/SABINA

IT　WS

PT　MS

TN　UA123456

CT　BK22HWX

BI　SAMSONTINE

RT　LAX/TPE

FD　UA123

TK　0164512345670

PA　No.57-　Aly. 4, L　　 　in St., Zhongshan Dist., TAIPEI City

AG AGT45

圖三　開立遺失行李檔案時的部分內容

資料來源：仿製格式，王姍姍製作

UNITED AIRLINES TAIPEI STATION BAGGAGE SERVICE OFFIC

TEL 886-3-7654321 FAX 886-3-9876543T OFFICE HOUR 10 0-22:00

TERMINAL 2 TAOYUAN INTER ATIO　 　 RPC T AIWA ROC

FILEE REFERENCE 　　　　　 - 　TPEUA 40184/12SEP14/0341GMT

NAME 　　　　　　　　　　 - 　WANG/SABINA/

TITLEE INITIALS 　　　　　 - 　MS/SW/

FLIGHT/DATE UNITED AIRLINESI 　- 　UA01/11SEP/UA02/11SEP

NUMBER OF BAGS 　　　　　 - 　1

TICKET NUMBER 　　　　　 - 　0164512345670

COLOUR/ETYPEE 　　　　　 - 　BK22HWX

TAG MUMBER 　　　　　　 - 　UA123456

THIS REPORT DOES NOT INVOLVE ANY ACKNOWLEDGEMENT OF

LIABILITY

YOU CAN REVIEW YOUR FILE STATUS AND UPDATE THE INFORMATION

VIA OUR WEBSITE WWW. UNITED AIRLINES.COM-TRAVEL. TIPS-AIRPORT SERVICE-

BAGGAGE TRACING.

圖四　行李遺失正式報告書

資料來源：仿製AHL報告書，王姍姍製作

自家的航空公司,藉以分析瞭解其中的緣由,而本身所發生的問題,可讓航空公司針對其失誤的部分進行改進,進而降低行李異常發生率。

③賠償資訊功能

異常報告成立後,行李查詢組的同仁在調查的過程中,需將查詢的過程或是執行其他方式的動作確實的記錄在電腦中,甚至致電回報旅客狀況的紀錄、遺失行李箱內的行李內容物紀錄,當案件轉至理賠部門時,需繼續將其聯繫過程註記在電腦,旅客同意賠償金額達成協議註記後結案,就會有一份完整又詳細的紀錄。

④網路服務功能

航空公司成立AHL行李遺失報告書,會將行李查詢組的聯絡方式告知旅客,無論是電話、傳真或是e-mail的方式,旅客也可自行上航空公司網站去查詢進度,**圖五**為航空公司的查詢網頁,只要輸入檔案編號及姓名就可以查詢目前的進度。

圖五 航空公司的查詢網頁

圖片來源:聯合航空官網

◆其他作業

　　旅客下機後將自身的隨身物品如眼鏡、衣服、免稅品、毛毯、頸枕、皮包、隨身行李袋各式物品遺忘在飛機上，當地勤代理公司的清艙人員清潔時，拾獲旅客的遺失物時會交由航空公司的人員，保管及處理後續的負責單位就是行李組，旅客如果要查詢時可洽各航空公司行李組。

　　以長榮航空為例，機上遺失物可上其官網查詢，他們根據航班或物品進行查詢，還提供照片可供參考，確認該物品僅需記下編號跟他們聯繫就可自行取回該物品。**圖六**為該系統查詢後出現的畫面。

(四)異常狀況處理

　　旅客在機上發生突發狀況時，如生病、疑似精神狀態異常，旅客發生糾紛、抽菸等，因為需要醫療或航警的協助，機長會利用機上通訊設備ACARS通知地面單位，在飛機抵達時，相關協助單位會在第一時間協助。一般像是抽菸、旅客吵架或是騷擾，通常會請相關的關係人帶至警局報案成立檔案，也會由航空公司人員陪同協助。

◆霸機

　　通常會發生都是旅客對航空公司產生不滿情緒所產生之舉動，大多是航班長時間延誤所造成，航空公司會通報航空站，再會同航警局派員隨同航空公司人員一同上機，向不願意下機的旅客進行協商，由航空公司人員出面以和善及誠意說服旅客先下機，再進一步協商談判。旅客如果遲遲無法認同仍然不願意離機再談，航空公司可在航空站的同意下，請航空警察局勸導或強制乘客離開航空器，也會面臨刑罰的可能。

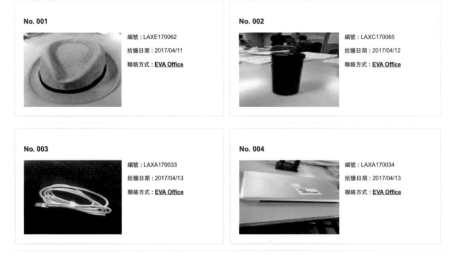

圖六　機上拾獲物查詢系統

圖片來源：長榮航空官網

航空公司人員盤點行李交由貨運公司
圖片來源：王姍姍拍攝於仁川機場

◆行李大量異常作業

遇到特殊狀況，如行李系統當機、飛機載重平衡問題、颱風異常作業等，造成大量行李未上機，數量可達50件，甚至更多時，對於行李作業人員來說是特殊異常作業，需成立檔案並且將行李送至旅客所指定的地點。照片中為行李抵達時點收，並且準備交由貨運公司派送。

五、特殊服務

提到特殊服務則是針對在飛行航程中，因為身體、精神或生理需求，需要航空公司個別的協助，航空公司也提供各項貼心服務，讓有特殊需求的旅客能享受到舒適安全的航程，也期望提升旅客對航空公司的評價。

(一)輪椅及擔架作業

◆電動輪椅

　　電動輪椅可分成折疊式或非折疊式，所使的電池類型可分成乾電池、非溢漏式濕電池、溢漏式（濕）電池。電動輪椅需先分辨為哪一種電池，將電池分離或絕緣後託運，如果是使用鋰電池的電動輪椅，將鋰電池拆下由旅客自行攜帶，輪椅就直接在劃位櫃檯辦理託運，請旅客使用航空公司所準備的輪椅至登機門。飛機離境後依照危險品方式處理，以電報方式告知目的地場站，準備相關後續。

可折式鋰電池電動輪椅
圖片來源：王姍姍拍攝

◆外機坪輪椅

　　當航廈的停機位客滿時，其餘的班機會被要求停靠在外機坪上，由接駁巴士來接送旅客來回航廈內，所有的旅客需自行走下扶梯搭乘巴士，對於無法走樓梯的輪椅旅客來說，航空公司就需要安排可載送輪椅的工作車，將輪椅旅客接送至航廈內。

◆擔架作業

　　不同於出境班機，入境班機擔架旅客則是最後下機，擔架前置作業非常繁瑣，首先，旅客家人須先自行訂妥救護車，再由航空公司代為安排救護車到停機坪，所以為了能讓私人救護車進入機坪管制區，是需要航空公司申請許可，並由航空公司人員陪同方能一進入機坪，上述為前置作業。待航班預計抵達前（當天或前一天），航空公司須再聯絡機場各相關單位，當班機抵達時，機場相關單位需派員至飛機邊查驗旅客及手提行李，另外航空公司再派員協助旅客家人，將擔架旅客的護照送至出入境移民署處註記返國後，再協助家人提領行李通過海關等程序。

傷患車，提供不能上下樓梯的輪椅旅客使用

圖片來源：王姍姍拍攝於桃園機場

可自行下扶梯的輪椅旅客，搭乘接駁巴士回到航廈後，會提供輪椅給旅客使用

　　轉機的擔架旅客，需要事先規劃合適的地方安置擔架旅客及其家屬或陪同醫護人員，在轉機期間航空公司也會派員全程陪同提供旅客及家人的協助。

(二)其他特殊服務需求

◆過敏及醫療藥劑和針筒

　　過敏體質，只要吃到過敏食物，即會造成身體不適，可以向航空公司訂製特別餐點。「花生過敏症」是常見的過敏症狀，比較嚴重的狀況是連周遭環境都不能有花生的味道，對於密閉空間而且空調都是機內循環的情況來說，其實是無法完全隔絕的，在旅客提出需求時航空公司會在該班機航程中不提供花生點心，而改成其他點心供旅客食用。

　　旅客因為身體因素必須攜帶藥品及針筒上機，甚至需要空勤組員的

321機型所使用的擔架，每一家航空公司的配置會有所不同
圖片來源：王姍姍拍攝於桃園機場

協助（如藥品需要冷藏），需要事先協商空勤組員配合。另外，使用過的
針筒也需要特別處理，避免任意棄置後造成其他工作人員受傷。

◆導盲犬

導盲犬（seeing-eye dog），飛行航程中必須將狗束以韁繩，全程留
置旅客腳邊。導盲犬上機後都是待在主人身旁，飛行中僅提供水不提供餵
食，最先上機最後下機。

◆服務犬

服務犬（service animals），目前台籍的航空公司都沒有開放，讓旅
客帶一般寵物進客艙中，但對於服務犬隻則不在此限，近年來服務性質的
犬隻已不侷限在導盲犬，有撫慰人心的心靈撫慰犬的需求日益增加。因應
特殊旅客的需求，攜帶情緒支援型動物進入機艙，此受過培訓的服務性動

服務犬相關資料

物在機艙內陪伴符合規定的身障乘客（稱之為心靈寵物）。

　　旅客要準備下列資料：

1.旅客主治醫師於一年內所開立的醫生證明。

2.醫生證明需註明旅客心智上或心靈上之疾病。

3.醫生證明必須說明飛航途中需要支援型動物陪伴。

4.主治醫生的執照。

服務犬

圖片來源：王姍姍拍攝

(三)占位行李及特殊旅客

◆加購座位（extra seat）

　　旅客因為本身的需求或喜好而多購買一個位置，對航空公司來說服務是不同的，而旅客也沒有因為多購買一個座位，而增加免費託運行李的額度，座位也沒有特殊限制，只需要兩個座位安排一起即可，與占位行李是不同。

◆占位行李（CBBG）

　　旅客攜帶物品上機，訂位時需先告知航空公司並提供物品的尺寸，物品尺寸需涵蓋包裝物外盒，航空公司會決定承載與否，**圖七**和**圖八**可給想攜帶物品進機艙做為參考，每一種機型跟艙等都不同，圖示為長榮航空777機型各個艙等可放置的尺寸及展示物品可放置在機艙內的方式。

(四)旅客抱怨處理技巧

　　在網路資訊爆炸的時代，消費者的意識高漲，旅客對於服務的要求也越來越高，現今的服務業挑戰性也越來越高，一般來說，客訴的發生常常是旅客的認知與現實間有了落差，所以產生了不滿的情緒。事出必有因，是不可抗力的因素？還是人為造成的因素？亦或是旅客本身情緒壓力造成？當人手一台手機、相機，肆意拍照錄影，投訴社群網站、恐嚇訴諸媒體或消基會等單位。機場運務人員面對上述的人、事、物更有其壓力，當遇到異常狀況時就容易成為旅客出氣的受氣包。長期處於這樣的情況，運務人員自身所承受到的外在情緒，和不斷付出心力而去消耗個人內在的情緒能量，漸漸陷入工作倦怠的窘境，並影響其工作態度。

Cabin Baggage Seat Numbers and Maximum Dimension Table

A/C TYPE	77N CLASS	SEAT NO.	CBBG LOCATION & DIMENSION (INCH)		CELLO	
			SEAT	FLOOR	SEAT in front of partition	FLOOR
			$(d_1)x(j_1)x(a_1)$	$(h_1)x(k_1)x(b_1)$	$(m_1)x(c_1)x(a_1)$	$(g_1)x(k_1)x(b_1)$
77N 313 PAX	R/L (14)	1AK	30X28X20	47X11X16		60X11X16
		1DG	30X28X20	47X11X16		
		6AK	30X28X20	47X11X16	43X18X20	60X11X16
		7DG	30X28X20	47X11X16	58X18X20	75X11X16
		8AK	30X28X20	47X11X16		60X11X16
		8DG	30X28X20	47X11X16		
		11AK	30X28X20	47X11X16	43X18X20	60X11X16
	E/L (10)	20ACHK	27X28X17	44X20X24		60X20X24
		20EF	27X28X17	44X20X25		
		27AK	27X28X17	44X14X25	43X18X17	60X14X25
		27EF	27X28X17	44X14X25	58X18X17	75X14X25
	E/C (20)	46DEG	28X26X16	45X20X22		
		57ACHK	28X26X16	45X10X22	43X17X16	60X10X22
		57DEG	28X26X16	45X10X22	58X17X16	75X10X22
		61DEG	28X26X16	45X20X22		
		71ACHK	28X26X16	45X10X22	43X17X16	60X10X22
		71DEG	28X26X16	45X10X22	58X17X16	75X10X22

圖七　長榮航空777機型各艙等可放置的尺寸

圖片來源：長榮航空官網說明

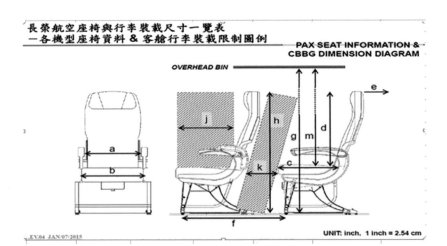

圖八　物品可放置在座位的方式

圖片來源：長榮航空官網說明

◆起因

1.不可抗力：譬如颱風、大霧、機場關閉等，每家航空公司當然有其考量的原因，有的航空公司選擇取消航班，有的航空選擇變更起飛時間，有的航空公司選擇準時起降，結果是什麼呢？以下的情景應該不陌生，颱風天時常會出現在新聞媒體：

   (1)選擇取消不飛，客人的反應是「別家航空都飛，為什麼你們不飛？」

   (2)選擇更改時間，客人的反應是「某某航空他們都可以準時起飛，為什麼你們不行？」

   (3)選擇準時起飛，客人的反應是「你們公司說要飛，我還坐計程車趕來的，外面風雨這麼大，你們真的會準時飛嗎？」

   航空公司會依據氣象局的天氣預報，決定航班是否正常起降。所以若決定取消航班時，卻因天候狀況沒有氣象局報導的嚴重，就會形成誤判的現象。又或是航空公司決定要執行飛行任務時，卻在所有準備工作完成後，瞬間天候狀況惡化，導致被迫取消或長時間延誤。

2.臨時狀況的因素：如因大雷雨、側風過強、有鳥群、跑道有異物等突發狀況，會影響到航機安全，導致機場關閉暫停起降，都屬於不可抗力因素。

3.其他因素：譬如超重費、訂錯班機、機票問題、班機延誤、班機取消、機位超賣等。

◆處理

   處理旅客的情緒，不是件簡單的事情，同樣一件事情遇到不同的旅客時，旅客的反應會有所不同，處理的方式也要因人而異。近幾年消費者意識高漲，尤其航空業更是採「以客為尊」的態度，在不影響飛安的情況

下，在面對旅客抱怨的問題上，大多會採取息事寧人的態度。

當面對像是颱風、大霧等各式天候因素時，面對旅客不理性的態度，也要耐心地解釋。但對於飛航安全的這一點，態度要和緩、語氣要堅定，畢竟航空公司是要對數百位旅客負責，這點是無法妥協的。但是當班機延誤或是更改旅客的行程的情事發生，的確是造成旅客的不便，所以必須在一開始就立刻表達道歉，不要讓旅客更生氣。若在旅客抱怨時，就先忙著撇清是天候因素，對旅客而言看起來就是只會將問題推給天氣因素，一副事不關己的態度，這樣是解決不了問題，而且只會讓旅客更生氣。當然，當數百名旅客圍在面前時，考驗著機場運務人員情緒的掌控，在承受極大的壓力之下是否有辦法解決旅客的問題，需要強大的心理建設及高EQ。

若是發生更改訂位（機票）、航班調度的異常問題，譬如旅客的機票只能搭週一到週四的航班，但是旅客要求改至星期六，上述的情況會有費用的衍生。這種是屬於航空公司制度面所引發的問題，或是原因發生的責任在於旅客身上時，仍應該委婉地解釋，不要讓旅客感覺只是一直在推卸責任和不想處理問題。適時的表達歉意並不是直接承認錯誤，只是表示理解「對旅客造成的不愉快的感覺」，還有不能使用「專業術語」去向客人解釋，要利用淺顯的一般語詞去說明，不要讓旅客聽不懂解釋，變成是一種「侮辱」的感覺，造成旅客的二次抱怨。以免造成是運務人員態度傲慢跟沒有服務的精神，而模糊了焦點。需嘗試去與旅客溝通，讓旅客感覺雖然未必能達到他所有的要求，但旅客的訴求是有被尊重到。

又若因機械故障、班機調度等造成班機延誤，對於能夠理解的客人來說，雖然對當時的情況也會有所埋怨，但還是會接受運務人員的解釋；但對於不能認同的旅客來說，情緒瞬間爆發當下，僅會自顧自地抒發自己的情緒，根本聽不到運務人員的解釋，若又在當下聯合了其他旅客時，更是一發不可收拾，也是最難處理及安撫旅客的時候。另外，班機延

誤的時間越長，與處理的困難度是成正比的。

　　面對旅客的抱怨，第一要務是先傾聽旅客的訴求，瞭解事件的來龍去脈，先讓旅客情緒有抒發的出口，待旅客冷靜下來後，再說明事情的原由，此時旅客比較有可能聽到說明；有些情況也不是第一線的運務人員能夠處理，譬如旅客抱怨國外機場的服務態度不佳、機上餐點有異物等，這些情事不是當下發生，需要由總公司的客服單位調查處理，而遇到此類問題的運務人員，需仔細聆聽旅客說明事情的來龍去脈，確實地記錄旅客抱怨的內容，最好能嘗試瞭解旅客的需求，讓旅客確實瞭解已接受其訴求，並且是有誠意去解決問題，最後，還可以感謝旅客願意讓我們瞭解狀況，讓我們有改進的機會，這樣做更可以讓旅客知道，我們是重視旅客所提出的意見。事後再回報主管成立檔案後，讓客服單位接手處理善後。

　　曾經有人提出過，旅客在抱怨的時候，運務員也都沒反駁，讓旅客說出他想要說的話，另外也向旅客致歉過了，可是旅客還是抱怨處理人員態度不好，那問題在哪呢？當旅客盡情地抒發情緒時，沒有插話是對的處理方式，但是如果當下本身的肢體語言是透露出相反的訊息時，旅客是可以感受到的，故當旅客表達客訴時，請不要以面無表情加上眼神無意識飄移，或是刻意與旅客保持距離，而是在聆聽的過程中需要有適切的關懷動作（如點頭或眼神關懷），甚至可以用明確的回答方式「是、是」、「您說的對」之類的話去附和旅客。要讓旅客知道你是認真的聆聽，沒有不耐煩也不會隨意離開，等待旅客發洩完後再提供你的協助，態度必須誠懇、設身處地的接受旅客的客訴，這就是同理心。

　　處理客訴是很難拿捏的，能夠在第一時間儘快解決問題，造成後續的客訴相對越低，甚至不需去理會事情起因的對錯，先解決旅客的當下問題才是最重要的。但不可諱言的是，有些旅客顯然是將私人的情緒轉嫁到服務人員身上，一股氣地把情緒全部發洩出來，的確會讓人不知如何回應，遇到這樣的旅客，服務人員難免覺得委屈，但是盡可能的不去理會這

類旅客挑釁的行為，以免開啟更多爭端，引起更多不必要的麻煩。

◆情緒

情緒，是人就會有情緒，雖然被告知「旅客不合理的抱怨，不必去辯解，更不要往心裡去，沒必要讓那些話惹火你」，但身為航空公司的機場第一線人員，往往需要面對旅客的負面情緒，就算能理解旅客針對的是公司（事）不是個人（人），但長時間接收旅客不滿的負面情緒，一但無法適時的紓解，仍舊會默默的在心裡留下陰影，當負面情緒累積得越高，工作倦怠也會隨之越高，相對影響工作表現，持續的惡性循環，將會降低工作效能，甚至產生離職的念頭。

在值勤中遇到難纏的旅客時，只能讓自己冷靜面對，等旅客離開時，也讓自己先離開這個環境，稍事休息，讓自己舒緩情緒，避免在執行接下來的任務時，因受前面的情事影響而流露出不滿的訊息，導致其他的旅客抱怨，變成惡性循環。

如何能有效的紓壓並適時地抒發負面情緒？首先可以從自己喜歡的事情著手，有人選擇用運動的方式，有人會找同事們一起大吃一頓互相訴苦取暖，有人以SPA讓自己的身體放鬆，甚至出國旅遊慰勞自己，走到戶外踏青或是接觸人群的方式。上述的方法沒有固定絕對的答案，只要找出適合自己的方式都可以。

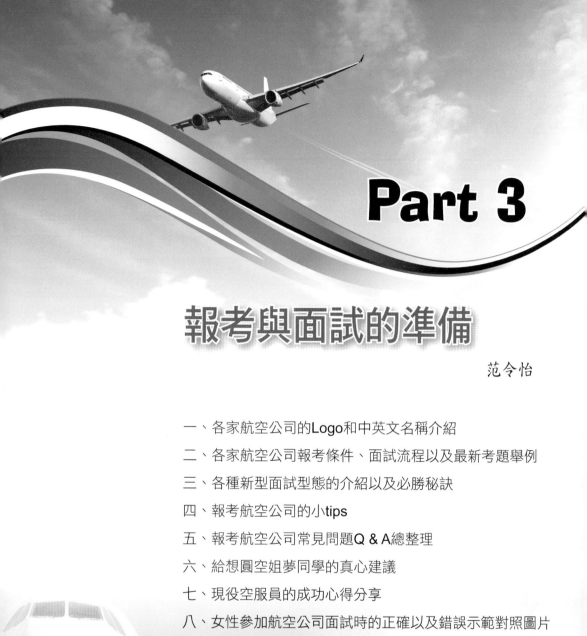

Part 3

報考與面試的準備

范令怡

一、各家航空公司的Logo和中英文名稱介紹

二、各家航空公司報考條件、面試流程以及最新考題舉例

三、各種新型面試型態的介紹以及必勝秘訣

四、報考航空公司的小tips

五、報考航空公司常見問題Q & A總整理

六、給想圓空姐夢同學的真心建議

七、現役空服員的成功心得分享

八、女性參加航空公司面試時的正確以及錯誤示範對照圖片

九、各家航空公司報考條件表

2016年8月初*Los Angeles Times*報導，美國波音公司（The Boeing Company）近日公布航空業未來展望，預測未來二十年，整體航空業人力需求將來到211萬。波音預測，未來二十年，全球航空業最大的成長來源將是亞洲，占全球人力需求比例約四成。波音表示，為了滿足全球經濟擴張產生的需求，全球航空業者正在拓展機隊，並增闢航線；另外，低成本航空的普及也帶動了飛機與空服員的需求。波音公司預測，2035年前，整體航空業人力需求將達211萬。

2015年12月1111人力銀行報導，近年來台灣人才的軟實力在國際間有目共睹，成為鄰近國家高端服務人才的主要來源，2015年合計在台招募1,700多名空服員，名額罕見新高，成為上班族投入意願較高的原因之一。尤其對於就業條件相對弱勢的社會新鮮人，具吸引力。空服工作底薪、飛行加給、外站津貼及伙食津貼等，入行空服員就有平均五萬至七萬元的月薪，成為國內低薪職場環境下，年輕男女爭相投入產業的重要因素之一，也使得空服員工作長期名列台灣上班族的十大夢幻職業。

有志投入航空業的年輕人，你們的機會來了。要想成功圓夢，必須先瞭解各航空公司以及面試型態，並對症下藥努力練習！

一、各家航空公司的Logo和中英文名稱介紹

(一)台灣本地航空公司

台灣本地航空公司有：

1.中華航空：子公司為華信航空，以及低成本航空台灣虎航。

2.長榮航空：子公司為立榮航空。

3.遠東航空。

航空公司	子公司	低成本航空
中華航空	華信航空	台灣虎航
長榮航空	立榮航空	—
遠東航空	—	—

各家航空公司的Logo和中英文名稱如下：

1.中華航空（China Airlines, CI）

2.華信航空（Mandarin Airlines, AE）

3.長榮航空（EVA AIR, BR）

4.立榮航空（UNI AIR, B7）

5.遠東航空（Far Eastern Air Transport, FE）

6.台灣虎航（Tigerair Taiwan, IT）

(二)外國航空公司

近兩年來台招募的外國航空公司有：

1.全日空（All Nippon Airways, NH）

2.日本航空（Japan Airlines, JL）

3.樂桃航空（Peach Aviation, MM）

4.大韓航空（Korean Air, KE）

5.釜山航空（Air Busan, BX）

6.新加坡航空（Singapore Airlines, SQ）

7.酷航（Scoot, TZ）

8.酷鳥航空（NokScoot, XW）

9.亞洲航空（AirAsia Berhad, AK）

10.阿聯酋航空（Emirates, EK）

11.卡達航空（Qatar Airways, QR）

12.國泰航空（Cathay Pacific, CX）

13.國泰港龍航空（Cathay Dragon, KA）

14.香港航空（Hong Kong Airlines, HX）

15.香港快運航空（Hong Kong Express Airways, UO）

16.澳門航空（Air Macau, NX）

17.海南航空（Hainan Airlines, HU）

18.春秋航空（Spring Airlines, 9C）

19.吉祥航空（JuneYao Airlines, HO）

二、各家航空公司報考條件、面試流程以及最新考題舉例

(一)長榮航空

◆長榮航空空服員

圖片來源：長榮航空臉書

①報考資格

1.具中華民國國籍者。

2.限中華民國教育部認可之國內外大專院校以上畢業者，不限科系；
　持國外畢業證書者，須經由駐外機構認證。

3.全民英語能力分級檢定測驗達中級（含）以上程度或TOEIC達550

分以上或IELTS 4.0以上或TOEFL iBT達57分以上或TOEFL ITP達457分以上或BULATS達40分以上。

②考試流程

　　1.於期限內先上網報名（自傳500中文字以內和1,500字元數以內的英文，生活照和大頭證件照）。

　　2.第一階面試：五人一組，進考場念短文或廣播詞，英文以及台語，通過者才能進入第二階段面試。

　　3.第二階段面試：一開始要填寫以下表格（要求誠實填寫）之後有簡單的小體檢，身高、體重、扛約七公斤的行李放在飛機上方行李箱的高度等，護士還會詢問一些簡單的病史，結束後就等筆試。

空勤應徵人員檢查表

姓名		身高	公分	報考	編號	
出生年月日		體重	公斤		職稱	
出生地		BMI			檢查日期	

臂力	□正常 □異常	站蹲	□正常 □異常

請說明有無下述狀況（請打V）

	現在及過去	無	有	說明
1	您是否曾經至海拔高度1,500公尺以上的地區旅遊？例如：合歡山、阿里山、雪霸？			
2	高山旅遊期間您是否有□頭痛、□呼吸困難、□睡眠障礙等症狀？			
3	您有經常□焦慮、□鬱悶、□嚴重睡眠障礙嗎？			
4	您是否曾發生□心悸、□血壓過高、□血壓過低的狀況？			
5	您有□貧血、□血液方面疾病嗎？			
6	您有□氣喘、□鼻子過敏、□化粧品過敏症狀嗎？			

7	您是否曾因為生理痛口服用藥物或口請假？		
8	□B型肝炎、□C型肝炎		
9	□無法長時間（16小時）戴隱形眼鏡、□乾眼症		
10	□中耳炎、□鼻竇炎		
11	□消化性潰瘍、□膽結石		
12	□暈機、□癲癇、□甲狀腺異常		
13	□頻繁性的泌尿道感染、□腎臟疾病		
14	□良性或□惡性腫瘤		
15	□背痛、□關節痛		
16	骨折史：□上肢、□下肢、□其他部位		
17	□受傷／□住院史、□任何手術		
18	目前有無配戴牙齒矯正器？		
19	如有其他病況請說明		

受檢人簽名：
　　　本人已確認本表所填寫各項均屬實，如有虛假願接受公司所作之處分。

結論：

4.筆試：分為兩階段，適職能測驗及心算，適職能測驗共10題，都是問答題，作答時間30分鐘，每題作答不得少於30字。心算則是5題，作答時間10分鐘。

（當天筆試前必須繳交親手填寫的中英文自傳以及長榮集團應徵人員資料表）

5.複試：幾週後會發出複試通知，五人一組面試，複試是坐著，分兩間不同的考場，英文及中文，英文房先看圖說故事，再來考官會從考生的履歷裡挑一些他們有興趣的問題，中文面試部分，大部分還是從履歷來找問題問，就結束中英文的面試。

個人資料使用同意書

1. 本公司(長榮航空公司)取得您的個人資料，目的在於(○○二)人事管理等相關工作。

2. 您同意本公司蒐集、處理、利用您以下類別之個人資料：
   - C001 辨識個人者。(如:姓名、戶籍地址、通訊地址、住家電話、行動電話、E-MAIL、相片及其他任何可辨識本人之資料)
   - C003 政府資料中之辨識者。(如:身分證統一編號、證照號碼等)
   - C011 個人描述。(如:性別、出生年月日、國籍、出生地等)
   - C012 身體描述。(如:身高、體重等)
   - C014 個性。(如:性向、優點、缺點等)
   - C021 家庭情形。(如:婚姻狀況、配偶資料等)
   - C023 家庭其他成員之細節。(如:直系親屬、兄弟姐妹資料等)
   - C033 移民情形。(如:護照、工作許可文件、居留證明文件、住居或旅行限制、入境之條件等)
   - C035 休閒活動與興趣。(如:嗜好、運動、其他興趣等)
   - C039 執照或其他許可。
   - C041 法院、檢察署或其他審判機關或其他程序(如:警察刑事紀錄證明)
   - C051 學校紀錄。(如:學校、科系、修業期間等)
   - C052 資格或技術。(如:學歷資格、專業技術、特別執照等)
   - C057 學生紀錄。(如:在學期間成績證明等)
   - C061 現行之受僱情形。(如:公司名稱、地點、職別、擔任工作、服務期間、薪資等)
   - C063 離職經過。(如:離職日期、離職原因等)
   - C064 工作經驗。(如:公司名稱、地點、職別、擔任工作、服務期間、薪資、軍中服役情形等)
   - C066 健康與安全紀錄。(如:職業疾病、安全、意外紀錄、急救資格、旅外急難救助資訊等)
   - C111 健康紀錄。包括相關法令如:勞工健康保護規則或營業衛生基準等規定之體格檢查或健康檢查等項目。

3. 您同意本公司於收到應徵人員資料表後一年內皆可處理、利用您的個人資料，並同意本公司於您成為本公司員工後，繼續於本公司營運期間內蒐集、處理、利用您的個人資料。

4. 您同意本公司將您的個人資料利用於本公司處理與蒐集目的相關事務之地區，並同意本公司將該資料以紙本、電子、口頭或其他適當方式，利用於本公司、長榮集團內之企業及該企業所管理之公司。

5. 您可向本公司之人事單位申請就您提供的資料，依個人資料保護法之規定行使權利，如(1)查詢或請求閱覽、(2)請求製給複製本、(3)請求補充或更正、(4)請求停止蒐集、處理、利用或(5)請求刪除。但本公司依個人資料保護法之規定，保有准駁該申請之權。

6. 您可自由選擇是否提供本公司您的個人資料，惟若不提供、提供後請求刪除或停止處理利用而經本公司核准，可能影響本公司決定是否錄用之判斷、無法及時通訊聯絡等。若您所提供之個人資料，本公司難以確認您的身分真實性，或查覺有資料不實之情形，本公司有權停止您的報名資格、錄取資格等相關權利。

7. 本同意書如有未盡事宜，本公司將依個人資料保護法或其他相關法規及其後修訂之規定辦理。

8. 您瞭解此一同意書符合個人資料保護法、就業服務法及相關法規之要求，且瞭解其內容，並同意本同意書所列之事項。

立同意書人　：　　　　　　　　　(簽名)

立同意書日期：西元　　　年　　　月　　　日

| 序號/人事代號： |
| (本欄由本公司填寫) |

表內欄位希用 正楷詳填														

長榮集團
應徵人員資料表

		應徵職別		編號	(本公司填寫)

公司名

姓名	中文		別名或綽號	性別	身高	公分	體重	公斤	
	英文　LAST　FIRST　MIDDLE	ENGLISH NAME		國籍	身分證				

貼相片處

說明：
1. 請貼最近三個月內，二吋正面半身相片。
2. 相片不要貼出格外。

年齡	西元　年　月　日生 [歲月]	出生地	省(市)	縣(市)	婚姻	□未婚　□已婚 □喪偶　□離婚

通訊資料	戶籍地	縣市	鄉鎮市區	村里	鄰	街路	段	巷	弄	號之 (樓)
	通訊處 □□□□□					電話	( )-( ) 行動電話:( )			
	E-MAIL :									

個性	□內向　□外向　□其他:	專長	英打:	中打:	學校社團
	優點:		運動:	樂器:	
	缺點:		其他:		

學歷	學校或訓練機關名稱	系科別	畢(結)業	肄業	修業期間	學位或資格
					西元　年　月～　年　月	
					西元　年　月～　年　月	
					西元　年　月～　年　月	

職業考試	種類	及格證書字號	發證日期	執照	等級種類	字號	發證日期及效期
			西元　年　月				西元　年　月～　年　月
			西元　年　月				西元　年　月～　年　月

經歷	服務機關或公司名稱	地點	職別	擔任工作	服務期間	合計年資	最後薪額	卸職原因
					西元　年　月～　年　月	年　月		
					西元　年　月～　年　月	年　月		
					西元　年　月～　年　月	年　月		
					西元　年　月～　年　月	年　月		

家屬（直系親屬、配偶及兄弟姊妹）	稱謂	姓名	年齡	存歿	教育程度	職業	住址及電話

您的家屬中是否有人任職於長榮集團？　□是　□否　若有請詳填下列資料（欄位不夠時，請填在備註欄）。

姓名:	公司:	部門:	職稱:	關係:

語文	種類	中	英	日	德	法	西	義	俄	台語	客語	其他
	能力(請註明:優、良、可)											
	檢定(請註明:語文種類/檢定名稱/成績或等級)											

兵歷	役別	軍種兵科	階級	專長	入伍時間	退伍時間	□免役
					西元　年　月	西元　年　月	說明:

健康	您曾患病或受傷而導致工作上有所限制嗎？	求職理由	

希望待遇		備註		本人已確認本表內所填寫各項均屬實，如有虛假願接受公司所作之處分。 簽名:

註：中(英)文履歷自傳見背面
FORM NO：II-0044-04

中(英)文履歷自傳
Autobiography　　　　西元　　年　　月　　日填

中文：

英文：

註：1.自傳撰述以一頁為限。　2.限親筆塔寫，不可用打字。
　　3.請問您如何獲知本公司招募訊息？□報紙：＿＿＿＿＿（名稱）　□雜誌：＿＿＿＿＿（名稱）　□軍中徵才
　　　□求才說明會 □學校就業輔導處 □長榮員工：＿＿＿＿＿（姓名）　□網站：＿＿＿＿＿（名稱）　□親友介紹
　　　□其他：＿＿＿＿＿（請略說明）

長榮集團

FORM NO：II-0044-04

其中要注意的是：(1)若尚未有英文證照成績或是英語科系學生但英檢成績不高者，考官會特別詢問，考生要有心理準備；(2)近幾次招募不再讓考生後補上英檢成績，即使通過初試和複試，若沒有在指定期限內補上英檢成績，是直接發送遺珠通知。

6.若通過複試就會通知再參加體檢（完全免費），體檢項目：(1)採取尿液；(2)視力檢查（裸視及矯正）；(3)量血壓；(4)身高體重；(5)抽血；(6)量心跳；(7)照X光；(8)聽力測試；(9)醫生問診。

7.幾週後再發出綜合評估之結果。

③初試英文和台語短文考題舉例

英文：

1.The new EVA Hello Kitty Jet will also be deployed to EVA's new destination between Taipei and Houston, USA, making connectivity for travellers between Singapore and Houston a convenient one. EVA currently offers 55 weekly flights from Taipei to North America. With the introduction of Houston, Singapore passengers now have more choices traveling to North America, by just one easy stop at Taipei.

2.With just one easy stop in Taipei, passengers can connect onward throughout the entire region. As part of its network expansion program, the airline will further enhance the convenience of its one-stop connections by flying the new Hello Kitty Jet between Taipei and Singapore in addition to Houston. EVA is a member of Star Alliance and links destinations worldwide.

3.Easy shopping, Easy Happy! We understand you want attractive discounts on inflight duty-free merchandise and we now offer just that! To enjoy a delightful inflight shopping experience and many special discounts, pre-order your inflight duty-free products online before your flight. You can find exclusive items and special prices, making inflight shopping more fun than ever before.

台語：

1.這次的延誤，抱歉造成您的耽誤，很謝謝您的諒解。

2.根據機長的報告，飛機即將在10分鐘後下降高度。

3.飛機要下降了，現在要停止免稅品的販賣，謝謝。

4.各位旅客，飛機即將起飛，請確認您的安全帶已經繫好了，謝謝。

5.我們現在即將降落在桃園國際機場。

④試職測驗題目舉例

1.如何發揮長榮的道德心，進公司後要怎麼實行？

2.若同事中，有個人特別的亮麗特立獨行，你會有什麼想法／做法？

3.若公司要求請病假必須附上醫院或診所的看診證明，是否合理？

⑤心算題型舉例

125897.25	5784.16	458.18	456.13	854.26
152.36	97841.36	197.22	5798.44	56849.15
257.12	5798.47	8974.66	6879.14	5894.61
58796.10	546.14	57984.11	897.1	5491.33
1579.89	51798.36	78664.16	697.23	5849.38
1564.28	5975.19	561.22	76894.39	89754.09
599647.13	4789.44	4879.11	4587.16	56842.3
457.67	689.77	987641.3	8966.11	9561.2
57894.58	24897.16	48796.33	5240.81	94657.31
1597.84	2794.58	894.55	367.96	5619.16
5897.56	45879.11	961.67	5677.19	268.17
+12.89	+ 45879.33	+ 1127.1	+ 23158.99	+ 8946.77

⑥複試面試題目舉例

1.英文看圖說故事：

英國皇室照

圖片來源：http://www.epochtime.com/b5/15/7/9/n4477042.htm

長榮航空旅展照

圖片來源：長榮航空臉書

2.英文面試問題舉例：

   (1) Can you describe the candidate next to you?

   (2) Describe your working experience?

   (3) What is your life priority?

3.中文面試問題舉例：

   (1)考官看履歷上寫的求職原因，問：什麼是你覺得優良的工作環境？

   (2)你認為剛剛英文面試表現得如何？（英文面試回答較不好的同學會被刁難）

   (3)若有經濟艙的旅客向你要求要喝商務艙的咖啡，你會怎麼回答？

◆長榮航空客運運務員

    長榮航空2016年地勤職缺都是合併招募，其報考資格、考試流程、測驗及面試題目等分述如下。

圖片來源：長榮航空臉書

①報考資格

應徵職別	報名資格	工作內容
客運運務	大專（含）以上畢，不限科系，精英語。	機場櫃檯報到、出入境旅客服務，需輪班。
客服		客運訂位／票務；會員禮遇方案及活動規劃、開發合作案及會員文宣服務，需輪班。
營業		客運銷售活動規劃及執行、網路行銷規劃和異業合作洽談；商品開發行銷/採購業務。
電子商務		社群網站內容規劃，公司網站、手機App功能規劃及內容維護等工作。
貨運運務		貨運運務作業與裝卸載規劃；機上服務用品配送作業，需輪班。
簽派／航技	大專（含）以上畢，理工相關科系（航太／機械／電子／電機／資工尤佳），精英語。 【訓練設備維修技術人員，公司提供訓練，須服務至少三年】	飛行簽派、航機系統及性能、訓練設備維修等相關工作，需輪班。
財務	大專以上會計、財務金融等商學相關科系畢，精英語。	財會相關工作。
電算	大專（含）以上資訊或相關科系畢，精英語。 【公司提供訓練，須服務至少三年】	程式設計、撰寫。
自動倉儲設備維修工程師	大專（含）以上電機相關科系畢，精英語。 具自動倉儲系統3年以上維修經驗者尤佳。 【公司提供訓練，須服務至少三年】	自動倉儲設備維護及檢修等相關工作，需輪班。

②考試流程

1. 於期限內先上網報名（自傳500中文字以內和1,500字元數以內的英文，大頭證件照）。

2. 初試組唸英文短文，唸完之後有圖片，中文看圖說故事，通過者才能進入筆試。

3. 筆試：筆試分別是心算（10分鐘）、適職測驗（30分鐘）、英文（30分鐘）。心算題目有5題，作答時間10分鐘皆為一串含小數點之數字相加。適職能測驗共10題，都是問答題，作答時間面試：五人──30分鐘，每題作答不得少於30字。適職測驗和心算與空服員筆試差不多，只是因地勤人員報考時沒有英語證照要求，所以有英文筆試，英文題型則類似多益測驗，含字彙、克漏字、選出錯誤者及閱讀測驗，皆為選擇題。

4. 複試（複試面試前必須繳交親手填寫的中英文自傳以及長榮集團應徵人員資料表）：幾週後會發出複試通知，五人一組面試，複試是坐著，分兩間不同的考場，英文及中文。英文請考生自我介紹，考官會從考生的履歷裡挑一些他們有興趣的問題，中文面試部分，大部分還是從履歷來找問題問，就結束中英文的面試。

5. 若通過複試就會通知再參加體檢（完全免費），體檢項目：(1)採取尿液；(2)測量視力（裸視及矯正）；(3)身高體重；(4)抽血；(5)測聽力；(6)照X光；(7)醫生問診。

6. 幾週後再發出綜合評估之結果。

表內欄位希用 正楷群填									

長榮集團
應徵人員資料表

公司名							應徵職別		編號	(本公司填寫)

姓 名	中文		別名或綽號		性別		身高		公分 體重	公斤	

| | 英文
LAST　FIRST　MIDDLE | | ENGLISH NAME | | 國籍 | | 身分證 | | | | |

貼相片處

說明：
1. 請貼最近三個月內，二吋正面半身相片。
2. 相片不要出格外。

年齡	西元　年月日生〔歲月〕	出生地	省(市)　　　縣(市)	婚姻	□未婚　□已婚 □喪偶　□離婚

通訊資料	戶籍地　縣鄉填村街街 　　　　市市區里鄰路段巷弄號之（樓） ||||
	通訊處 □□□□□	電話	（　）－（　　　） 行動電話:（　　　　）
	E-MAIL：		

個性	□內向　□外向　□其他：＿＿＿＿＿＿	專長	英打：　　　中打：	學校社團
	優點：		運動：　　　樂器：	
	缺點：		其他：	

學歷	學校或訓練機關名稱	系科別	畢(結)業　肄業	修業期間	學位或資格
				西元　年月～　年月	
				西元　年月～　年月	
				西元　年月～　年月	

職業考試	種類	及格證書字號	發證日期	執照	等級種類	字號	發證日期及效期
			西元　年月				西元　年月～　年月
			西元　年月				西元　年月～　年月

經歷	服務機關或公司名稱	地點	職別	擔任工作	服務期間	合計年資	最後薪額	卸職原因
					西元　年月～　年月	年月		
					西元　年月～　年月	年月		
					西元　年月～　年月	年月		

家屬（直系親屬、配偶及兄弟姊妹）	稱謂	姓　名	年齡	存歿	教育程度	職業	住　址　及　電　話

您的家屬中是否有人任職於長榮集團？　□是　□否　若有請詳填下列資料（欄位不夠時，請填在備註欄）。

姓名：　　　　公司：　　　　部門：　　　　職稱：　　　　關係：

語文	種類	中	英	日	德	法	西	義	俄	台語	客語	其他
	能力(請註明:優、良、可)											
	檢定(請註明:語文種類/檢定名稱/成績或等級)											

兵歷	役別	軍種兵科	階級	專長	入伍時間	退伍時間	□免役
					西元　年月	西元　年月	說明：

健康	您曾患病或受傷而導致工作上有所限制嗎？	求職理由	

希望待遇		備註		本人已確認本表內所填寫各項均屬實，如有虛假願接受公司所作之處分。 簽名：

註：中(英)文履歷自傳見背面
FORM NO：II-0044-04

中(英)文履歷自傳
Autobiography　　　　西元　　年　　月　　日填

中文：

英文：

註：1.自傳撰述以一頁為限。　　2.限親筆繕寫，不可用打字。

3.請問您如何獲知本公司招募訊息？　□報紙：_____（名稱）　□雜誌：_____（名稱）　□軍中徵才

　　□求才說明會　□學校就業輔導處　□長榮員工：_____（姓名）　□網站：_____（名稱）　□親友介紹

　　□其他：_____（請略說明）

長榮集團

FORM NO：II-0044-04

③初試中文看圖說故事舉例

圖片來源：長榮航空臉書

④筆試適職測驗題目舉例

1. 當您的升遷或調薪不如同時進公司的同仁，您將如何面對？

2. 若發現同事在網路社群平台上，出現有損公司形象的發言，您會怎麼做？

3. 如果有同事請求你協助支援，而您的手邊也有工作要完成，會如何處理？

4. 您贊成員工以其他管道表達自己的訴求嗎？

⑤英文和中文面試問題舉例

英文

1. When is the last time you lose temper?

2. How do you think the Facebook affects people's life?

3. What working conditions do you prefer?

中文

1. 你覺得你有什麼特質可以當一位地勤？

2.對於客人抱怨你如何應對？

3.對於顧客永遠是對的這句話的看法？

4.若員工訓練不符預期該如何解決？

5你覺得五人之中誰表現最好，為什麼？

6.如果有同事請求您協助支援，而您的手邊也有工作要完成，會如何
　處理？

7.您贊成員工以其他管道表達自己的訴求嗎？

(二)中華航空

◆中華航空空服員

圖片來源：中華航空臉書

①報考資格

1.具有教育部認可學士學位或以上者（持國外畢業證書者，需經由駐
外機構認証檢附成績單；應屆畢業生尚未取得畢業證書者，初試時
請攜帶學生證及在校各學期成績單，通過甄試報到時仍未取得畢業
證書者，將視同自動放棄，不得有任何異議）。

2.具備以下任何一項英檢成績（兩年以內的成績證明）：TOEIC/600
分、BULATS/45、IELTS/4.5或TOEFL ITP/480、iBT/64等以上成績。

②考試流程

1.於期限內先上網報名（自傳500中文字以內和1,000字元數的英
文）：華航不會通知考生任何結果，都是在華航官網公布，考生必
須自己上網查詢。

2.初試面試（初試前必須繳交填妥的中華航空客艙組員甄試報名
表）：脫鞋貼牆摸高，不能墊腳摸200公分線，一組六至八位，跟
著地上螺旋型或S型線條走路看儀態，每位考生唸英文短文和回答
基本反應力問題。

3.複試面試：初試下週就舉行複試，在複試之前必須先上網做服務專
業職能評量。一組六人面試，跟著地上螺旋型或S型線條走路看儀
態，複試是坐著，考官會從考生的履歷裡挑一些他們有興趣的問
題，也有演微電影、趣味比手畫腳的題型。

4.隔天就會公布複試結果，若通過再參加體檢，自費，費用約3,600
元。體檢項目：(1)採取尿液；(2)視力檢查（裸視及矯正）；(3)肺
功能測試；(4)身高體重；(5)抽血；(6)量心跳；(7)照X光；(8)聽力
測試；(9)心電圖；(10)醫生問診。

5.幾週後於中華航空官網公布綜合評估之結果。

③初試英文短文考題舉例

1.China Airlines received 14 international and domestic awards and
recognition in 2014. The "2014 Taiwan Corporate Sustainability Award",
the Golden Pin Design Award and the Global Traveler award for "Best
Airline in North Asia".

2.China Airlines'inbound and outbound package bring passengers the
best travel dealsto enhance their journey both in and out of Taiwan.

CHINA AIRLINES

中華航空

客艙組員甄試報名表

	登錄編號	
	初試編號 (請勿填寫)	

請貼二吋「脫帽正面」照片
(與身分證照片規格相同)
(照片不合不可參加甄試)

基本資料

姓名	(中文)		性別	☐ 男 ☐ 女	英檢類別		成績	
	(英文/與護照相同)		役別	☐ 免役 ☐ 役畢 ☐ 未役	英檢考試日期	20　年　月　日		

| 出生日 | 19　年　月　日 | 婚姻狀況 | ☐ 已婚
☐ 未婚 | 身分證號
(居留證) | | | | | | | |

聯絡資訊

聯絡電話		電子信箱	
通訊地址	☐☐☐		
緊急聯絡人		關係		電話	

學歷（自最高學歷往下填寫）

學校名稱	系/所	地點	學位 (學士/碩士)	就學期間		畢業	
				起 (yyyy/mm)	迄 (yyyy/mm)	是	否

最近工作經驗

工作期間		機構名稱/單位	職務	在職情形	
起(yyyy/mm)	迄(yyyy/mm)			是	否

其　他

1. 報考資格條件不合或證件不齊者，無法參加面試，亦不接受補繳。
2. 本表所填寫之各項個人資料僅限華航甄試活動使用，並自本次甄試結束後保留乙年。
3. 本人所填寫之各項內容均為事實，本人同意華航進行相關複核及查證，如有虛構、偽造等情事，願受解職處分並依法處理。
4. 是否曾報考華航其他職缺：否☐　是☐／參加次數＿＿＿＿次。
5. 本人如通過甄選，當配合報到受訓及其它作業要求之時間，否則視同放棄受訓或錄取資格，以上特此聲明絕無異議。
6. 華航保留決定最終通過甄選及錄取名單之權利，本人絕無異議。

簽名：＿＿＿＿＿＿＿＿＿＿

BIN		書審結果		說明		審核人簽名	

圖片來源：中華航空

Our package aredesigned to open up exciting new travel horizons by presenting new ways to travel and explore your destination.

④初試基本反應力考題舉例

1.今天來考試一路上所觀察，發現華航什麼缺點，可以給我們一些建議嗎？

2.猜猜四位考官的官階高低，並說明為什麼這樣猜？

3.如果機上有高齡80歲的老年人尿失禁，你會怎麼處理？

⑤複試面試問題舉例

1.用英文推薦你自己。

2.你覺得能主宰妳命運的主考官是哪一位？請走向他，說服他錄取你。

3.根據前面兩位的回答，若你是考官會選擇哪一位錄取？

4.1.5分鐘討論「表演微電影」，主題介紹華航任何一個東西。

5.中華航空777-300ER新機「水郵山驛」英文命名比賽。

6.說一件最近難以抉擇的事。

7.每人抽個題目比給其他人看，邊比邊用英文輔助敘述。

⑥專業職能評量題型舉例

1.計畫如果遇到改變，你會照原本的方法繼續完成？

2.做事情講求效率？做事前會思考很久？

3.你不拘小節嗎？

4.你認為有話直說比憋著不說好嗎？

5.你容易受他人影響嗎？

6.你容易因為別人陷入悲情，而心情也低落嗎？

7.別人批評指教你，你會很在意？

8.喜歡自己完成事情嗎？

◆中華航空機場運務員（全職／時薪）

圖片來源：中華航空臉書

①報考資格

　　1.學歷：教育部認可學士學位或以上者。

　　2.全職人員英檢成績要求（兩年以內的成績證明）：TOEIC/650分、
　　　BULATS/51、IELTS/5.0或TOEFL ITP/503、iBT/71等以上成績。

　　3.時薪人員英檢成績要求（兩年以內的成績證明）：TOEIC/600分、
　　　BULATS/45、IELTS/4.5或TOEFL ITP/480、iBT/64等以上成績。

②考試流程

　　1.於期限內先上網報名（自傳500中文字以內和1,000字元數以內的英
　　　文）：華航不會通知考生任何結果，都是在華航官網公布，考生必
　　　須自己上網查詢。

　　2.初試面試：一組六至八位，跟著地上螺旋型或S型線條走路看儀
　　　態，每位考生唸英文短文。

　　3.複試面試：初試下周就舉行複試，在複試之前必須先上網做服務

應徵人員一般體格檢查項目

檢查項目	檢查內容	檢查項目	檢查內容
一般物理檢查 Physical Exam	身高 體重 腰圍 視力 辨色力 血壓 脈搏 身體各系統或部位 　之理學檢查 多音頻聽力 醫師問診 作業經歷、既往病 　史、生活習慣及 　自覺症狀之調查	血液生化檢查 Blood Biochemistry	血清天門冬胺酸轉胺酶AST 血清丙胺酸轉胺酶ALT 總膽固醇CHOL 三酸甘油脂TG 肌酸酐Cr 飯前血糖Ac Sugar 血中尿素氮BUN 尿酸UA 總膽紅素T-bil. 總蛋白TP
尿液常規檢查 Urine Routine	顏色Color 透明度 　Transparency 比重Specific 　Gravity 酸鹼度PH 尿液白血球WBC 尿液紅血球RBC 亞硝酸鹽Nitrite 尿蛋白Albumin 潛血OB 尿糖Sugar 酮體Keton 尿膽素原 　Urobilinogen 尿膽紅素Bilirubin 上皮細胞Epith 　Cell 圓柱體Cast 細菌Bacteria	血清免疫學檢查 Serology&Immunology	B型肝炎表面抗原HBsAg B型肝炎表面抗體Anti-HBs 梅毒VDRL

檢查項目	檢查內容	檢查項目	檢查內容
血液常規檢查 Blood Routine	白血球WBC 血色素Hb 紅血球RBC 血球容積HCT 平均紅血球容積 　MCV 平均紅血球血紅素 濃度MCHC 血小板PLT	X光檢查 X-ray Exam.	胸部X光-正面 　Chest X-ray, PA view 腰薦椎X光 　L-Spine Lateral View
心電圖檢查 Electrocardiogram	靜止心電圖 Resting EKG		

　　專業職能評量以及複試當天繳交手寫800～1,000字中文自傳。一組五至六人面試，跟著地上螺旋型或S型線條走路看儀態，複試是坐著，考官會從考生的自我介紹履歷裡挑一些他們有興趣的問題。

4.隔天就會公布複試結果，若通過再參加體檢，自費，費用約2,500元。

5.幾週後於中華航空官網公布綜合評估之結果。

③初試英文短文考題舉例

1.China Airlines'NexGen 777 Project won an distinguished Enterprise Innovation Award at the Fourth National Industrial Innovation Awards,The project showcased the aesthetics of the Song Dynasty, while integrating both traditional and modern designs into a unique style.

2.Skyteam Alliance has been busy since 2000. Consisting of 20 world-class airlines, The Skyteam network has nearly 16323 daily flights, with 1052 destinations in 177 countries. Travelers can enjoy more flexibility and convenience along their journey with Skyteam.

④複試面試問題舉例

1. 英文自我介紹30秒，介紹完後，從中再問問題。

2. 第一次與陌生人見面，你會用何種話題破冰，拉近關係（選擇其中一位考官當陌生人，中文回答20秒）以及你為什麼會選擇這位考官。

3. 你有去過華航的貴賓室嗎？

4. 你覺得華航777跟長榮的777差別在哪裡？

5. 考官先將考生分成三人一組，給考生看一堆名人的照片（大多是政治人物），考生自己選一個人假裝自己在機場服務到此位名人，是在何種情境下？又要如何和其對話？

(三)台灣虎航空服員

圖片來源：台灣虎航臉書

①報考資格

　1.具中華民國國籍或持有可在台工作之居留證者。

　2.具中華民國教育部認可之國內外高中、職以上畢業。

　3.通國語或台、客語，具日、韓語能力者佳。於2015年11月底和2016年9月只招募具備日韓語會話能力者。擁有日語檢定N3級程度以上的認證尤佳或是擁有韓語檢定二級以上的認證尤佳。

　4.多益450分以上之成績或相同等級之英文能力檢定成績。

②考試流程

　1.於期限內先上yes123網站報名。

　2.初試面試：十人一組唸中文英文短文和自我介紹30秒。招募日、韓文人才初試時，直接唸日、韓語短文來測考生第二外語能力。

　3.複試面試：團體討論、團體拼圖、個人中英文面試。

　4.之後通知複試結果，若通過再參加體檢，自費，費用約3,900元。體檢項目：(1)採取尿液；(2)視力檢查（裸視及矯正）；(3)肺功能測試；(4)身高體重；(5)抽血；(6)量心跳；(7)照X光；(8)聽力測試；(9)心電圖；(10)醫生問診。

　5.幾週後通知綜合評估之結果（正取或備取）。

③初試中文和英文短文考題舉例

　中文

　1.在下午喝上一杯濃濃的咖啡就像在香榭大道上喝咖啡一樣，如果再加上奶泡那真的是幸福一百分。

　2.航機使用率是競爭的關鍵，必須盡量減少停機時間，才能使克有功。

　3.新加坡機場航站大廈內禁止吸菸，吸菸的旅客請在過境大廳特設的吸菸室內吸菸。

4.由於現在我們經過的氣流相當不穩定，請您回到座位繫緊安全帶。

英文

1.Good evening, may I show your seat. Your seat number is 15A, please go forward, by the window. Have a nice trip.

2.We apologize for the inconvenience and appreciate your understanding and patience.

④複試考題舉例

　　團體討論：你和朋友一行六人在剛果叢林裡受困，有以下物品，只能選五樣當求生用具，一人選一樣，不得重複，討論時間八分鐘，討論時間結束後，每人一分鐘發表各自選的用具及原因。

　　防水毛毯、蠟燭、打火機、大砍刀、藥箱、指南針、收音機、一小箱臨時食物。

⑤最後面試考題舉例

　　撲克牌抽題目

1.如果最近你發現你很倒楣，做什麼都不對，你要怎麼辦？

2.你對廉價航空瞭解多少？

3.說說你是個怎麼樣的人？

4.什麼顏色最能代表你？沒有規定一定要用英文回答，只要不是中文、台語、客家語、原住民語，任何第二外語都可以。

5.請你抽一樣商品（免稅品或者台灣虎航飛機上販賣的食物）並向乘客介紹。

(四)遠東航空空服員

圖片來源：遠東航空臉書

①報考資格

    1.TOEIC成績500分以上者、托福（TOEFL）450分以上者、全民英檢成績中級合格者尤佳。精通日文、韓文等外語者尤佳（不是一定要達此門檻）。

    2.中華民國國籍，性別不拘。

    3.本國教育部認可之國內外大專（含）以上畢。

    4.語文條件：英文——聽／中等、說／中等、讀／中等、寫／中等。

②考試流程

    1.於期限內先上104人力銀行網站報名（中、英文自傳，全身及半身生活照）。

    2.初試面試：摸高測驗208公分，五人一組，走ㄇ字型或S型，再唸英文廣播詞和自我介紹30秒至1分鐘。

3.複試面試：五人一組，中文面試，自我介紹再由其中提問。

　4.決選：張董事長親自參與。

　5.體檢，自費，費用約3,600元。體檢項目：(1)採取尿液；(2)視力檢查（裸視及矯正）；(3)牙齒；(4)身高體重；(5)抽血；(6)量心跳；(7)照X光；(8)聽力測試；(9)心電圖；(10)醫生問診。

③初試英文廣播詞考題舉例

　1.We are encountering turbulence,for your own safety, please fasten your seatbelt and turn off the electronic devices, thank you.

　2.We will be encountering turbulence. for your safety, please do not use lavatory until the fasten "seat belt" sign turned off.

　3.May we remind you that this is a non-smoking flight. Smoking is prohibited on the entire aircraft, including the lavatories. Tampering with, disabling or destroying the lavatory smoke detectors is prohibited by law.

④複試考題舉例

　1.你的缺點是什麼？

　2.可以接受簽約五年嗎？

　3.知不知道遠東航空最近有辦什麼活動嗎？

　4.初試時所填的北中南三地派遣優先順序志願是否還記得？有沒有要改志願順序的？

⑤決選內容敘述

　　站在遠東航空董事長和數位高級主管面前，走上舞台有個麥克風，開始自我介紹也可才藝表演（像是考生個人的show time，有如大型選秀會）。

　　有位考生入決選三次，準備自創的對聯送給張董事長。才藝部分有人表演變魔術、杯子舞、熱舞、啦啦隊歡呼、唱德文歌、英文歌、講台語

笑話、自己創作給遠東的影片……，都是十分有創意且用心準備的。最後會詢問考生有沒有問題要問高級主管？

(五)國泰航空

◆國泰航空空服員

圖片來源：國泰航空臉書

①報考資格

　　1.具中華民國籍、年滿18歲、高中畢業。

　　2.具流利中、英文會話及閱讀能力，有第三外國語言溝通能力更佳。

　　3.伸手可觸及208公分高，須通過職前體格檢查。

　　4.男性須役畢或免役。

②考試流程

　　1.於期限內先上國泰航空官網投遞英文履歷報名。

　　2.第一階段：摸高測驗，脫鞋可踮腳，高度約208公分。

　　3.第二階段：團體討論和角色扮演。

　　4.第三階段：英文筆試聽力測驗。

　　5.Final Interview：念中文廣播詞，二至三位考官對一考生的英文面試
　　　（都是按照個人的履歷去問，例如：報考動機、工作／社團經驗、
　　　危機處理的經驗）。

　　6.通過最後面試後，填寫國泰航空員工資料，若英文筆試有通過者直
　　　接安排體檢時間，若沒通過者，在三個月後有機會補考，通過筆
　　　試者才會安排體檢。體檢項目（完全免費）：(1)採取尿液；(2)視
　　　力檢查（裸視及矯正）；(3)肺功能測試；(4)身高體重；(5)抽血；
　　　(6)量心跳；(7)照X光；(8)聽力測試；(9)摸高測試（踮腳、不踮
　　　腳）；(10)醫生問診。

③英文筆試題型

　　分為閱讀測驗、字義配對、字義解釋、填空題，30分鐘54題，聽力
15分鐘（因為國泰是香港的航空公司，所以英文聽力的文章英文口音非常
重，習慣美式口音的台灣考生這方面要多注意）。

④面試題型：團體討論

　　1.有許多不同政府部門的名稱依其重要性做年度預算分配的排名。

　　2.依序選出推薦旅遊的城市排名以及理由。

　　3.角色扮演：分A、B兩組，一組六位考生。

　　A要開一個在海邊開一間酒吧，給客人不一樣的體驗。

　　B要開一間咖啡廳，提供客人多樣化的餐點選擇。

　　先各組團體討論，重點是什麼類型的店？要推出怎樣的產品？客群
是哪些人？

之後發表討論的內容，再輪流扮演老闆及客人。A組是先扮演老闆，六人分成三組，兩人一組，B組扮演客人，也是六人分成三組，兩人一組。考官會先給B組小卡，小卡上寫著情境，然後和B組組員討論如何演出，討論完後演給A組看，演完之後A組也會有1分鐘的時間討論如何應對，討論完後再和B組演怎麼解決情境上的問題。

⑤中文廣播詞考題舉例

各位貴賓：

我們現在已經降落在台灣桃園國際機場，在飛機還沒有完全停止以及「請扣安全帶」的指示燈沒有熄滅以前，請您不要離開座位。再次提醒您，請勿使用行動電話及所有電子儀器用品。

我們將在此停留一小時辦理通關手續，請您將護照、手提行李及所有託運行李帶下飛機，由地勤人員引導您至出（入）境室辦理班機銜接手續。國泰航空公司感謝您的惠顧，希望您能再度搭乘。

◆國泰航空機場地勤職員

圖片來源：國泰航空臉書

①報考資格

　　1.大學以上學歷。

　　2.語文條件：英文——聽／精通、說／精通、讀／精通、寫／精通

②考試流程

　　1.於期限內在國泰航空的官網，完成報名程序。

　　2.第一階段：英文筆試。

　　3.第二階段：英文團體討論。

　　4.第三階段：Final Interview（都是按照個人的履歷去問）。

　　5.第四階段：適職測驗、數學計算測驗。

　　6.通過最後面試會通知參加體檢，完全免費。

③筆試題型舉例

　　考試時間50分鐘，一題中翻英和一題英翻中。

　　【中翻英】

伴隨著跨國合作（cross countries cooperation），公共關係和新傳播科技的興起，影響著全球行銷。按照我們對公共關係的認識，這個由美國發明的創意，卻在其他國家發揚光大並帶入國際領域，若是知道美國長期以來在這個領域的領導地位正被其他國家所積極超越時，就相當令人驚訝了。在英國，有一半以上的公司在策略層面上將國際公關納入企業規劃活動當中，但在美國卻只有三分之一。

　　【英翻中】

Yoga- the spiritual and physical discipline with origins from the distant history of ancient India- might be more effective than more other modern form exercise on enhancing physically well- being by controlling one's mood and reducing anxiety. A study just completed by a nationally famous school of medicine has systematically and scientifically demonstrated the link between yoga exercise, mood control and decrease anxiety. This was accomplished by comparing the levels of a specific chemical compound usually found in the brains of yoga practices with the levels of chemical in those who do more traditional exercises like walking and jogging.

④團體討論題型舉例

一組十五人討論，先1分鐘自我介紹，之後，有5分鐘的時間看討論題目，依照考官指示，再進行20分鐘團體討論。

【討論題目】

有一對夫妻是飯店的常客，在住宿期間碰到暴風雨，他們的房間有漏水的情形，而飯店只剩一間單人房，這對夫妻很生氣，要求飯店賠償，還說要跟朋友們說這間飯店不好。如果我們這組是飯店的工作人員，我們會怎麼做？

⑤適職測驗題型舉例

1.颱風天要上班，你可以接受嗎？

2.用餐時間不定時，你能接受嗎？

3.上下班時間是凌晨或半夜，尤其是女生，會有安全的問題，你能接受嗎？

4.公司臨時要你加班，事後給加班費，你能接受嗎？

5.公司臨時要派你到外縣市工作，你能配合嗎？

⑥數學題型舉例：會有4～5位數（可用計算機）

1. $5431 + 6789 + 5467 + 9876 + 1569 = （　　）$

2. $6543 - （　　） + 5643 + 8613 - 3568 = 9853$

國泰航空近兩年都只有招募約聘機場地勤員，合約期滿一年之後再看表現由公司決定是否續約。

新進員工健檢
適用：台北台安醫院

項目	內容	臨床意義（可瞭解之症狀）
1.掛號	病歷工本	
2.一般檢查	身高、體重、血壓、視力、色盲、聽力	瞭解身體基本功能之正常性
3.專科醫生檢查	全身理學檢查	瞭解身體之全部機能狀況
4.尿液分析	外觀、尿糖、尿膽紅素、尿比重、尿蛋白、尿膽原、尿血、酸鹼度、亞硝酸鹽、白血球、尿酮體	簡易腎、膽、肝、泌尿道及糖尿病等之篩檢
5.血液常規檢驗	白血球計數WBC 紅血球計數RBC 血色素檢查HB 血球比容值HCT 平均紅血球容積MCV 平均紅血球血紅素MCH 平均紅血球血色蛋白濃度MCHC 血小板計數PLT	是否有感染疾病 是否貧血 測定貧血程度 血液凝固功能 血液疾病檢查
6.血糖檢查	空腹血糖 Glucose, Fasting	糖尿病之檢查
7.腎功能檢查	肌酐酸Creatinine	腎炎、腎障礙、腎衰竭之檢查
8.肝功能檢查	麩氨酸丙酮酸轉氨脢GPT	瞭解肝功能的狀況
9.血脂肪檢查	膽固醇總量Total Cholesterol 三酸甘油脂Triglycerides 高密度脂蛋白HDL	血液循環、血管硬化病變血脂分析、脂肪代謝異常等心臟血管方面之檢查
10.X光檢查	胸部X光	做肺病、肺結核、心臟擴大、胸腔疾病之檢查
11.健檢手冊	健檢手冊	體檢結果，有病及時就醫
12.後續服務	保健活動（請看保健組資料）	全人健康，積極愉快的人生

- 此費用由國泰航空付款，請新人務必持此通知單辦理，並簽名：
- 體檢者請於受檢日前晚十二時後空腹至早上（包括水、藥物及菸酒）
- 無需預約，請持本單現場辦理。可安排受檢時間：星期一至星期五，早上09:00-11:00之間
- 報到處：台北市八德路二段424號 台安醫院健康管理中心一樓健診中心
  聯絡電話：2771-8151轉2773 2667 2316 2317
  傳真電話：2751-8584

(六)新加坡航空空服員

圖片來源：新加坡航空臉書

①報考資格

1.University degree holder大學以上學歷。

2.Proficiency in English and Mandarin具備中英文能力。

3.Willing to be based in Singapore有意願住在新加坡。

②考試流程

1.於期限內先上網報名，依網路指示填寫履歷。若通過資料初審便會發送面試通知e-mail。

2.初試面試：

(1)第一階段：繳交自製英文CV，考官簡單聊天對話，簡單自我介紹。

(2)第二階段：摸高和英文筆試。摸高脫鞋可踮腳，高度約212公分。

3.複試面試：共分三個小階段

　(1)介紹身旁的朋友。

　(2)團體辯論。

　(3)唸英文短文。

4.Final Interview：

　(1)一對一英文面試（都是按照個人的履歷去問，例如報考動機、工作／社團經驗、危機處理的經驗）。

　(2)試穿制服。

5.再通知安排台灣體檢時間（完全免費），通過後再通知前往新加坡參加體檢，通過才算正式錄取。台灣體檢項目：(1)採取尿液；(2)視力檢查（裸視及矯正）；(3)身高體重；(4)抽血；(5)量心跳；(6)照X光；(7)聽力測試；(8)醫生問診。

③初試面試題目舉例

　1.為什麼你想要加入新加坡航空？

　2.告訴我一件你知道關於新加坡航空的事件。

　3.你最喜歡的顏色是什麼？

　4.你最喜歡什麼口味的冰淇淋？

④英文筆試題型

　　分為填空和閱讀測驗，填空題從十幾個字當中選填，也有多的、用不到的單字。而閱讀測驗則是閱讀一篇文章，大概有7題選擇題，20分鐘內作答完成。

⑤複試面試題型

　1.兩人一組，給2～3分鐘時間認識彼此。時間到之後，大約1分鐘左右和大家介紹自己的朋友。

2.三人一組，題目是「男人是一家之主嗎？」先討論3分鐘，之後正反方每一位考生都要提出自己的論點。

3.短文內容：遇到亂流，提醒家長如何照顧嬰兒並為他繫上安全帶。

4.試穿制服。上、下半身有多個尺寸，要挑出適合自己的尺寸，穿完後給女考官看。她會先檢查考生身上的膚質和疤痕，手、腳（裙子拉到膝蓋以上）、脖子和肩頸；接著走一小段台步。

(七)卡達／阿聯酋航空空服員

圖片來源：卡達航空臉書

圖片來源：阿聯酋航空臉書

①報考資格

　　1.At least 21 years old at the time of application. 年滿21歲。

　　2.Minimum arm reach of 212cm. 脫鞋摸高212公分。

　　3.Minimum height of 160 cm. 身高至少要160公分以上（只有阿聯酋航
　　　空要求）。

　　4.Educated to at least high school level. 高中以上學歷。

　　5.Fluency in written and spoken English. 英文口說書寫流利。

　　6.No visible tattoos while in Cabin Crew uniform. 穿制服露出處不可有
　　　刺青。

②考試流程

　　1.分為兩種面試舉行方式：

　　　(1)Open Day（walk in interview）方式，準備好自製英文CV，個人

照片於面試當天帶去即可。此種方式就如同AD網路填寫報名。

(2)Assessment Day方式，必須先上公司官網投履歷報名（網路報名並無截止日期，隨時都可以，只要報名人數夠多，航空公司決定來台灣舉辦面試，便會發送e-mail邀請函，AD一定要有收到邀請函者才能參加。

2.OD初試面試：繳交自製英文CV，考官簡單聊天對話。

3.OD複試面試／AD初試面試：

(1)第一階段：摸高和英文筆試。摸高脫鞋可踮腳，高度約212公分。

(2)第二階段：抽單字主題發表、團體討論。

4.Final Interview：二至三位考官對一考生的英文面試（都是按照個人的履歷去問，例如報考動機、工作／社團經驗、危機處理的經驗）。

5.通過最後面試後，填寫卡達／阿聯酋員工資料，繳交規定格式的全身照片由公司高層主決定通知自行在台灣體檢，繳交體檢報告通過後，再通知前往中東，才算正式錄取。

③初試面試題目舉例

1.你是第一次參加卡達／阿聯酋航空面試嗎？

2.為什麼選擇卡達／阿聯酋航空？

3.你現在工作還是念書？工作是做什麼呢？

④英文筆試題型

分為選擇題、填空題、數學計算題（計算時差、匯率）、閱讀測驗以及作文。

作文題目：(1)令你最尷尬的一件事；(2)在工作上遇到的挫折？

⑤複試面試題型

抽單字主題發表：English、confidence、charming、hobbies、freedom、peace、smile、passport、pastry、commitment……

⑥團體討論

1.design a car、social media、smart phone app。

2.most important lesson in your life。

3.你們是飯店的經理，一共有七組客人今晚要入住，但因為系統問題，只剩兩個房間可以入住，你們要選哪兩組客人？（客人有蜜月夫妻、旅遊作家、要來飯店開會的經理、帶著嬰兒的夫妻他們要到附近醫院做檢查、已經住在我們飯店但是浴室故障的客人、我們飯店的常客）每個人都要發表到意見。

卡達航空要求通過最後面試的應試者繳交全身照及大頭照之規格

(八)海南航空空服員

圖片來源：海南航空台灣分公司臉書

①報考資格

　　1.大專以上學歷。

　　2.多益600分以上成績。

　　3.脫鞋摸高可踮腳達到212公分。

　　4.可接受工作地點為北京市。

　　5.具備基本英語書寫及口語能力，若有其他外語能力可視為應聘優
　　　勢。

　　6.身體裸露處無紋身及明顯疤痕。

②考試流程

　　1.可先上1111人力銀行網站報名或攜帶資料於面試日期當天現場報
　　　名。

2.初試面試：美儀測評，十人三角形團體討論，五人一組英文面試，摸高212公分。

3.複試流程：88題心理測評筆試，高官面見（十人一組站立面試），拍全身照。

4.體檢（完全免費，在松山航醫中心進行）。體檢項目：(1)採取尿液；(2)視力檢查（裸視及矯正）；(3)超音波；(4)身高體重；(5)抽血；(6)量心跳；(7)照X光；(8)聽力測試；(9)心電圖；(10)醫生問診。

6.合同答疑簽約會：詳細解說海南航空福利制度，考生有任何疑問皆可詢問，若認為很好可當場簽合約，但合約於考生至大陸報到後才開始生效。

③美儀測評項目舉例

要求考生看著前方露齒笑30秒鐘，之後向後轉立正，再轉回來將手正反面平舉給考官檢查有無疤痕（女生面試前需將絲襪脫掉；男生在面試時考官會要求脫掉上衣外套檢查）。

④團體討論題目舉例

2分鐘的時間閱讀題目，桌上有紙和筆提供註記，15分鐘討論。

如果今天遇到空難，有6個人在救生艇上需要救援，但是直升機一次只能救一位，請討論出下列救援順序並推派一名代表總結回答。

A.69歲的退役軍人，身經百戰。

B.50歲的大學教授，知書達禮。

C.19歲的大學生，家境清寒。

D.23歲的運動員，曾獲多項金牌。

E.35歲的經理人，公司規模龐大。

F.41歲的外科醫生，醫術高超。

⑤心理測評題目舉例

    1.會不會偷竊？

    2.個性開朗嗎？

    3.你酗酒嗎？

⑥高官面見題目舉例

    每位考生有2分鐘的時間進行自我介紹加即席演講（對於抽到的題目做出自己的見解及想法），結束後考官會問考生有沒有對海南航空有其他問題。

⑦即席演講題目舉例

    1.沒有不好教的學生，只有不會教的老師。

    2.中國人喜歡過節慶佳節時與家人朋友聚在一起。

    3.免費是世界上最棒的禮物。

    4.形容一個精彩的人生「生如夏花般燦爛，死如秋葉般之靜美。」敘述你的看法。

海南航空2015首次來台招募時發給每位應試者的介紹

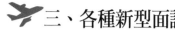# 三、各種新型面試型態的介紹以及必勝秘訣

(一)團體討論（Group Discussion）

因為空服員和機場客運運務員都是團體工作，所以在考試時要如何發揮團隊精神，讓自己在10～15人的小組中脫穎而出，就是最重要的。

◆團體討論面試是如何進行？

1.面試官會叫應試者的名字。

2.依應試者人數分成6～8人或10～15人一組。

3.需要一個可以進行小組討論的房間（飯店會議室、大廳隔間）。

4.現場會有最少兩位面試官，其中一位考官會走動而另一位考官會坐在旁邊觀察每位考生。

5.會發給每位應試者一個題目。

6.會提供時間給應試者。

7.每個人都會被邀請參與，其中一位考生要做結論。

8.在大家坐定位後（尚未開始小組討論時）有可能考官會要求大家做簡短自我介紹。

◆參與團體討論注意重點，才會有好的表現

1.瞭解題目。

2.明白要討論的重點，及討論後要得出的結果。

3.分享你的想法，並準備好接收不同的意見。

4.聆聽別人的想法。

5.注意時間。

◆成為團體討論優秀團員的元素

1.好的聆聽技巧，和每位團員都要有眼神交流。

2.遵從指示。

3.發表言論時切合主題，不疾不徐。

4.尊重他人但也帶有自己的論點。

5.能夠幫助他人並且輕鬆愉快的與別人共事。

6.若與團員不同意見時，要懂得尊重和妥協。

7.不要主導整個討論，要給大家發言的機會。

8.隨時保持微笑，注意禮貌，放輕鬆。

◆阿聯酋航空團體討論題目舉例

You have the following group of cabin crew:

Kozue – 22 years old – Japan – smoker

Maria – 24 years old– US – smoker

Anna – 29 years old– Kenya – non-smoker

Iman – 27 years old– Morocco – non-smoker

Sofia – 25 years old– Egypt – smoker

Lin – 22 years old– China – non-smoker

Your group is the accommodation department that decides which crew gets paired up in 2 bedroom apartments. You will present your decision and explain your criteria of selection in 15 minutes.

(二)情境題（Case Study）

情境題，顧名思義就是於面試時模擬在機場或飛機上會遇到的旅客抱怨事件，考官看考生如何回答及處理？

◆情境題面試方式考官觀察考生的重點

1.Problem Solution 是否有解決客訴問題的能力和技巧。

2.Quick Response 是否能快速做出正確的回應。

3.Common Sense 是否回答和處理方式都有基本常識。

4.Service Concept 是否回答和處理方式都有服務的理念。

5.Service Language是否回答都用服務禮貌的用語。

◆華信航空機場運務員情境題題目舉例

1.當班機延誤時，乘客對你發飆，你會如何安撫？

2.當乘客行李超重，但又不願意付行李超重費，你會如何解決？

◆台灣虎航／中華航空空服員情境題題目舉例

1.乘客登機證劃位是走道位，但要求空服員幫他換到窗戶位子，今日班機全滿，你會如何解決？

2.今天經濟餐的機上餐點是豬肉和雞肉，碰巧雞肉全部派發完，而旅客又堅持一定只能吃雞肉，你會如何解決？

(三)辯論（Debate）

因為空服員和機場客運運務員都是團體工作，所以在考試時要如何發揮團隊精神，以及如何尊重和自己不同的意見，是最重要的。

◆辯論面試是如何進行的？

1.面試官會叫應試者的名字。

2.依應試者人數分成8～12人一組，分正、反兩方，4～6人一組。

3.需要一個可以進行小組討論的房間（飯店會議室、大廳隔間）。

4.現場會有1～2位面試官。

5.會發給每位應試者一個題目。

6.自由發言,互相發問。

7.各小組有5分鐘準備,共10分鐘。

8.每組每人各有1分鐘做總結。

◆辯論面試方式考官觀察考生的重點

1. Common Sense是否回答和處理方式都有基本常識。

2.Comprehension Skill 是否有好的解讀能力和理解力。

3.Team Work 是否在不同的意見之下也能愉快地和大家共事。

◆參與辯論注意重點,才會有好的表現

1.發表言論時切合主題,不疾不徐。

2.要有禮貌且總是面帶微笑。

3.能夠幫助他人並且輕鬆愉快的與別人相處。

4.不要太被動或不專心。

5.每位團員都要扮演好自己的角色,大家一起合作發揮團隊精神。

6.清楚任務的指令和小組目標。

◆成為辯論面試優秀團員的元素

1.好的聆聽技巧,和每位團員都要有眼神交流。

2.遵從指示。

3.尊重他人且不攻擊對方。

4.主動參與。

5.有良好的常識和解讀能力。

6.要能做到切入核心簡單明瞭的結論。

◆新加坡航空辯論題目舉例

　　1.金錢可以買到快樂嗎？

　　2.服務業中客人永遠是對的嗎？

四、報考航空公司的小tips

(一)成功的證件照介紹

　　航空公司於網路報名時幾乎都會要求上傳照片，這是考生給航空公司的第一印象，因此照片是吸引審核上萬履歷表的人事單位，挑選應試者其中一個重要因素。露齒與否都可，最重要的是讓人看到照片的你，充滿

親切感和整齊度的形象，建議：航空面試的化妝和髮型如附照，上身穿著有領襯衫，展現端莊自然。

(二)贏得第一好印象的生活照介紹

大部分的航空公司於網路報名時，也會要求上傳生活照，甚至有些航空公司會要求上傳多張照片。生活照顧名思義就是穿著便服的照片，不一定要穿著面試服，只要穿著整齊，把握以下重點為要。

1. 不要穿著暴露或不端莊的服裝。
2. 室內外皆可，但一定要光線充足。
3. 照片主角是人物，所以主角要置中，而且必須面帶親切笑容又清晰的獨照。
4. 女性考生，建議以淡妝為主，展現朝氣活力清新柔和感。
5. 瀏海以不擋住眉毛為原則，髮色建議為黑色或深棕色為主。
6. 建議不要戴帽子和眼鏡，以自然樣貌呈現。

以下為中東航空公司喜好的生活照，請務必穿著面試服和裝扮成面試的妝髮。

✈ 五、報考航空公司常見Q & A總整理

1.Q：請問女性參加航空公司面試的服裝、高跟鞋和耳環要怎麼搭配
　　才得宜？

　A：目前台灣航空公司除了遠東航空和低成本航空之外，都要求面
　　試時女性考生穿著短袖素色襯衫、膚色絲襪、及（齊）膝深色
　　短裙（長度大概是穿上後，裙緣邊蓋住膝蓋的上方，不建議把
　　膝蓋整個蓋住會顯得腿短這類身材比例失衡的錯覺），建議穿
　　著窄裙不是A字裙。除華信航空規定男性考生著白色襯衫，其
　　他航空公司不論男女都是素色襯衫即可。而所有低成本航空，
　　朝向活潑輕鬆型，則可著褲裝和休閒鞋；至於外國航空公司，
　　例如：新加坡航空則是可穿突顯個人特色的洋裝，日本的樂桃
　　航空甚至面試時都有服裝主題，曾經要求規定主題是「遊行活
　　動」，考生都精心打扮，當時有身著日本浴袍和木屐參加複試
　　的考生。

女性考生參加一般航空公司正式面試服

男性考生參加一般航空公司正式面試服

樂桃航空2016年6月在台舉辦複試考生們精心的打扮

鞋子方面，除了長榮航空規定高跟鞋鞋跟高度是1.5吋（4公分左右），華信航空2吋，其他航空公司未註明，只要穿起來舒適且展現出良好的儀態為原則（大多都是規定著黑色素面高跟鞋，鞋底和鞋跟也都要黑色）。若考生想要買一雙高跟鞋參加面試可供各家航空公司通用的話，建議可買鞋跟高度在4～7公分的黑色高跟鞋，比較經濟實用。

面試寺高跟鞋的樣式建議

至於耳環，並未規定一定要配戴，不論是穿式或夾式耳環皆可，但大小不能超出耳垂。

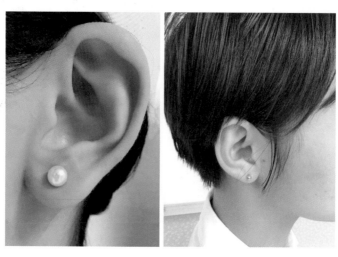

一般航空公司面試耳環建議

2.Q：佩戴牙套報考空服員會被錄取嗎？

　A：目前中東和泰國的各家航空公司不錄取牙套考生，但國籍兩大航空公司都有戴牙套參加面試而錄取的考生。在初試時若考生表現還不錯，主考官想給複試的機會，會詢問牙套何時會拆除？長榮航空一般體檢的問卷單上也需要填寫，是否有戴牙齒矯正器且預計何時拆除。若順利錄取，公司通常會要求考生於受訓報到之前拆除，或者是改為隱形式的牙齒矯正器。

3.Q：請問男生可以報考哪家航空公司的空服員？

　A：目前除了長榮、立榮航空和全日空航空，其他國內外航空公司都有招募男性空服員，若有特別限制會註明。例如卡達航空之前來台灣招募都有男性，但2015年兩次來招募就特別強調只限女性，於2017年初招募就沒有限制性別。而且各家航空公司不論空勤或地勤，都規定男性考生要有退伍令或免役證明才可參加面試。

4.Q：航空公司的免費機票福利是只有空服員本人才有嗎？

　A：不只是空服員本人，航空公司任何職位的員工（包含內勤地勤人員）以及其直系親屬也同樣擁有。直系親屬是指：員工本人的父母、配偶以及子女，每位直系親屬都享有和員工本人同樣的免費和折扣機票的福利。

5.Q：空服員的視力標準和體重身高標準為何？

　A：大部分航空公司多半要求兩眼裸視至少要0.1以上，矯正後要達0.8～1.0以上。

　　現在各航空公司大多不再以身高做為標準，而是以雙手向上伸高可摸到200～212公分的方式（不踮腳或踮腳）。至於體重沒有明文規定，只要健康BMI值不要過高或過低，體型依身高比例合宜就好。不論是空服員或機場運務員，只要是穿上制服的身體外露部分，都不可有明顯疤痕和刺青。

6.Q：我已經27歲，還可以報考空服員嗎？

A：可以的。例如：以前只收應屆畢業生的長榮航空在多年前已放寬此規定，曾經有29歲的考生考上長榮，華航也有32歲左右的考生考上，甚至有36歲學生考上台灣虎航，而筆者Kora也是36歲考上阿聯酋航空。同樣地，已婚生子也一樣是可以報考航空公司空服員和地勤人員，最重要的是看起來沒有老態，因為空服員站在第一線，代表的是該航空公司的活力和朝氣，所以良好的儀態和充沛的體力想當然耳是必須具備的。論及年齡不是航空公司的唯一選擇，而是贏在考生過去的工作經驗以及成熟的人生態度；請不要把時間浪費在無謂的擔憂上，取而代之的是善用時間，掌握並熟悉航空業相關的資訊。相對地，還正在學校就讀的年輕學子要把握黃金機會趁早準備，年齡是航空業的潛規則，年輕就是本錢，所以更要利用課餘時間提早來提升自己各方面能力，踏出校門就可以無縫接軌，進而找到理想的工作。

✈ 六、給想圓空姐夢同學的真心建議

「舜何人也？予何人也？有為者亦若是。」只要心中立定志向，有心肯學習，在職場上沒有做不到的。機會是留給準備好的有心人，期許考生要培養航空人員各項應具備的特質，秉持著凡事將心比心，主動服務的態度，尋求和你一樣有志一同的朋友互相分享、幫助，共同潛心學習，攜手進入航空業，來完成自己心目中最美的世界地圖。築夢踏實，共創美好的未來，加油加油！

✈ 七、現役空服員的成功心得分享

(一)Venus（印尼航空空服員2012年～2014年、國泰航空空服員2014年～2016年7月）

　　比起很多人談論起從小的夢想，我必須很羞愧地說，航空業純粹是我誤打誤撞而闖入的。還記得畢業前夕對人生未來很徬徨，父母也希望我當一個平凡的公務員，但在一個很偶然的機會下，走在街頭隨機看到航空班，想說離之後的約會還有個半小時就進去瞭解一下這萬花筒裡面裝了什麼光景，順便打發時間，沒想到這半小時竟然改變了我的一生，參加了航空講座，開啟了這場跟空服員這個夢幻職業的美麗邂逅。

　　我們很珍惜同學間的友誼，一起認真讀書會一起上戰場面試，一起哭一起笑，一起約定當彼此一生的好友，這是所謂的「情」，我們很珍惜學長姐們，即使考上了也願意轉身幫助以及分享經驗，這是「義」；如此

的「有情有義」，這些是我從別的補習班出來的人身上看不見的東西。

「不是敵人，我們都是戰友」，下了課大家仍一起讀書會互相幫忙，一起給彼此堅持下去的理由，就像一個很溫暖的家，沒有商業的氣息，沒有置入性行銷。

這裡的老師總是堅持自己的「教育理念」，不遺餘力地投入教學，下了課也不忘一直思考該如何讓學生們更有自信更進步，讓我們夢想成真，一個個都能展開雙翅飛向浩蕩無際的天空。

真心感謝我能遇上這麼用生命來認真教學的老師，以及一起奮戰過的畢生好友們，讓我看到萬花筒裡的五顏六色，享受這片天空的美好。在老師不斷的鼓勵下我選擇跳脫所謂的Comfort Zone，前往香港面對不同的挑戰，加入了很多人夢想中的航空公司——國泰航空Cathay Pacific Airways。

當然，直到現在我一直很感謝我的前公司，讓我成為一名專業的空服員，教會了我該如何飛。謝謝身旁的老師親友們一直鼓勵與支持，這份相信的力量是我堅持的最大後盾，把我推向了世界，教我該如何飛得遠。我喜歡飛翔，並不是只是因為工作所附加的福利待遇，而是發自內心的喜歡這份工作，並帶著這份充滿感謝與愛的心，綻放我的生命。

而這一生能有幸前後賣命的公司，兩家都是Skytrax評選為五星級的航空，真的是如夢一般的雀躍。真心期待與更多學弟妹們的空中相遇。

(二)Rosa（長榮航空空服員）

想看看自己能有多少能耐？我不想成為別人眼中的草莓族！

從小跟著父母在菜市場裡工作，我瞭解到工作的辛苦，於是從高中開始就自己打工賺學費及零用錢，在大學期間我也都很積極參與系上活動和畢業公演，讓自己的生活多彩多姿，而離開校園已經一年多的我在安逸

的工作環境裡，領著比一般人優渥的薪水，卻還是不滿足，覺得人生就是要挑戰自己！更想找尋遼闊的世界裡，尚未被人發現的迷人風景。這時接收到許多航空業招考資訊，成為一名在天空中飛翔的美麗空服員，是許多女孩的夢想，但對我來說卻是遙不可及的夢，因為我身高不高、膚色不白、外型也不亮麗，而且我還是有著一口鋼牙的牙套妹。所以從沒想過要去追求夢想，或許也是膽怯吧！怕自己失敗。這時身邊有個30歲的姐姐充滿自信的朝著空服員此目標前進，我在她身上看到了希望，這時也才明白，沒有什麼事不可能，藉口都是自己給自己舒適的框架，於是我就開始衝刺，追逐夢想。

　　一開始不瞭解航空公司招考內容，我上網查了許多資料，也看了很

多學長姐們的考試分享，每一個小細節都不能馬虎，有時候休假待在電腦前面就是一整天，因為蒐集到越多資訊我就越有力量，也到圖書館借閱書籍，希望能獲得更多資訊。而尚未拿到語言證照的我，也在最短的時間內記下大量的英文單字，練習題目及檢討，一鼓作氣的拿到航空公司需要的門檻。而我非常幸運的在某次機會下認識了Kora老師，老師的鼓勵和分享讓我有大步向前邁進的力量！老師不吝嗇的指導我，教我念台語廣播詞的技巧以及美姿美儀，還將自己的履歷及自傳請老師審閱修改，就是希望自己的書面資料能夠更完整，讓考官能在幾千份履歷中多看幾眼！每天在家中練習台語廣播詞，練習如何穿高跟鞋走路，練習如何對鏡子笑得優雅，我知道沒有人是與身俱來的，只要我願意，我也可以，漸漸的我發現我有了不一樣的改變，這時我才明白當你全心全意朝自己的目標前進時，老天爺也會幫助你的！

　　參加了第一次的空服員面試，我輕鬆的通過了初試，因為考試現場已經在家中模擬了千千萬萬遍，所以真正考試的時候好像並沒有這麼緊張，只是害怕考官不接受戴牙套的考生，看到了考場各個蓄勢待發的女孩，更瞭解要拿到進入天空的門票是多麼不簡單。第二次參加複試前，演練了許多問題，因為是中英文的回答，將所有考古題都中文英文各回答一遍，每天都練習讓自己有更好的答案，而到了面試現場真的緊張了，因為無法預期考官會問你的問題，清楚記得英文面試的題目，考官問了我「早餐吃什麼？」，考試結束後，覺得一派輕鬆，因為好像也沒有想像中的難，然而充滿自信的我，在一個月之後受到相當大的打擊，我收到遺珠信了！

　　大哭了一場後，我決定重新再努力！因為當我盡力了，才有資格說自己運氣不好。回頭檢討自己是否有付出百分之百的努力，我想我不敢保證。檢討完自己並告訴自己我可以，但要比原本的努力還要更加努力，我再次重新上網蒐集更多資訊，利用讀書會和大家一起練習並互相提醒改

進，只要有任何問題就麻煩Kora老師解答，把每一次的機會當成最後一次機會，就這樣一路初試、複試、體檢，我拿到了天空的入場券了！

　　但我知道這並不是結束，而是新的開始，接下來就是魔鬼班三個月的訓練，白天看書晚上上課，因為我是被安排在夜間部，每天睡不到四小時都是家常便飯，從最基礎的飛機結構介紹，到緊急逃生設備使用，緊急逃生程序，又或者是機上危機處理，還有各種服務流程，我明白了我並不是一名空中服務生，而是全能的女超人，在狹小的機艙內，我們是乘客唯一的依靠，我一定要成為一名能讓乘客安心的空服員。經過三個月沒日沒夜的訓練，我拿到了人人稱羨的金翅膀，飛行在天空中，縱使這份工作十分勞累也會發生許多想像不到的事，但它的美好也是令人想像不到的，就算走了十幾個小時到外站，也能有額外的體力去感受每個城市不一樣的美好。

　　認識Kora老師後我在心境方面有了改變，老師常常在上課時不時提醒我們「分享」的重要。空服的工作不是靠一個人就能輕鬆完成的，需要大家同心協力才能做好。其實不只是空服員，許多工作都是一樣的。微笑是拉近彼此最好的距離，我認為分享則能增加彼此的信任感。不要吝於分享，哪怕只是舉手之勞，因為助人之人遠比被助之人要來得快樂多了，而這也是身為一名空服員的重要條件。而這些老師叮嚀我們關於空服員的要素與特質，即使不是一名空服員，心境的轉變卻也能讓我在生活中發現到自己真的有那麼一點點的不一樣，感覺非常的滿足。

　　我愛我的工作，我把握當下，我珍惜我所擁有的，希望有著空服員目標的你們，都能為自己努力，感覺受甜美的果實。

(三)Dorlia（海南航空空服員）

在最後一年大學生涯的期間，很多人都會為了未來徬徨無助，當然我也不例外。我因為大三參與學校社團的關係，看見許多學姊們在高空中飛翔分享的故事，讓我有了我也想像他們一樣，飛上天空的這個夢想，於是我找到了Kora老師，在最後一年的大學生涯，為自己的夢想鋪路。一開始我對於空服員的考試方式及訣竅都是一竅不通，從考官喜歡什麼樣的妝容、如何流利從容的應答，由裡到外都有好多小細節要注意，Kora老師在每週的三小時課程，安排了各式各樣的專業資訊給我們，這時候我才知道，原來要當一位空服員，不是只有看見其外表的光鮮亮麗而已，這份職業真的是需要許多的專業知識及靈機應變來完成每一次的飛行。2015年6

月底的海南航空招募，當時是抱持著練習的心情去參加面試，直到一路過關到高官面前，再收到體檢及合同簽約的訊息，那種心情真的是難以言語，我竟然完成了夢想，考上了海南航空！

　　「夢想就是需要經過一些挫折與困難，如果太容易得到，你就不會珍惜了！」這句話是我的爸爸在我第一次收到華航遺珠時告訴我的話，失敗是難免，但是將它轉換成力量，累積經驗後，那麼一定會收取到甜美的果實。我不是一個天才型的考生，在考試前也會緊張到連自我介紹都結巴，但是在一次次的面試後，真的可以漸漸找到自信，有了自信，總有一天一定也可以順利完成夢想。非常感謝Kora老師以及同樣夢想的好夥伴們，在考試期間我們一起參加讀書會，一起分享考古題，謝謝大家無私地分享，因為有了你們的支持與陪伴，讓我在空服之路不孤單。

　　海南航空是全中國第四大航空公司，也晉升為世界前500強企業，更連續四年榮獲Skytrax五星航空頭銜。原本我也是帶著一無所知的心情到海航報到，對我們來說海航是一間十分陌生的航空公司，但是從我們報到的第一天開始，我便有深刻的體會：海航對我們台灣籍乘務員是非常用心的，在中秋節時特別準備文旦及烤肉大會；在思鄉之餘讓我們寄明信片回家；培訓期間關心著我們，深怕我們在異地不習慣。從很多小細節讓我感覺到海航非常無微不至地照顧著我們，在我以前搭乘過的大陸航空公司中，海南航空以微笑、貼心的服務取勝，有著與其他三大龍頭公司（國航、南航、東航）完全截然不同之處，它創新、積極，能夠快速響應客人需要；然而，在培訓期間內我也感受到了海航的嚴謹，所有的訓練一個個都是要列隊整齊，進行團體生活，在專業老師的帶領之中，我們真的學到好多知識！雖然在台灣我們對海南航空並不是很瞭解，但是目前我以海南航空首批空服員的身分告訴大家，海航是一間很有前景的公司，大家不妨試試吧！

(四)Odelette（卡達航空空服員）

　　從我的大四生涯開始，我努力朝我的夢想邁進——成為一名空服員。

　　四上快結束的時候，我努力地念英文，準備多益檢定考，並在升四下的寒假開始了空服員的課程。這段時間過得很充實，對於未來、夢想的輪廓也越來越清晰。為期四個月左右的航空課程，每一堂都學到不少東西，對於航空業的模樣除了從Kora老師口頭經驗分享之外，臉書社團也常會有相關文章和新聞的分享，受益良多。

　　這段時間，我從懵懂茫然的摸索期，到一步步的學習服務精神、寫履歷的技巧、站姿和儀態、面試技巧、保養和妝髮教學……，在學習過程

中，除了老師課堂講解，能夠認識到有著相同夢想的好夥伴並且能一起努力，都是過程中很棒的收穫。

　　除了課堂所學之外，和夥伴組「讀書會」是讓我持續進步的方式。2015年的每一個月都有不少面試機會，這是我身為這屆應屆畢業生很幸運的地方。我的「面試生涯」是從3月中開始的（即使那時候我的課程只進行到一半），那時候，每個禮拜我參加了兩、三次的讀書會。「千萬不要覺得課程還沒上完就不敢報名參加面試！」組織讀書會的過程，可能碰到已經結束航空課的學姊，或是曾有過面試經驗的朋友，這時候，經驗的交流是很重要的，自己「自動自發」和密集的「練習」也是不可或缺的能力累積。碰到問題先試圖自己解決，如果找不出答案就要勇於發問，「主動」才能成長。

　　卡達航空2015年4月底的面試之後，我一直等到10月初才收到錄取通知。期間就是在卡達的網站填寫一些資料和上傳全身照，等到這些過程審核過後才會要我們自費體檢並上傳結果。光是體檢通知我就等到8月底才收到，而我很快地在9月初就上傳體檢報告了，也是等了一個月才收到體檢通過的錄取通知。等待的過程真的很不安很煎熬，時時調整自己的狀態和心境真的很重要，而且Kora老師時常提醒我：沒有收到錄取通知之前不能放棄任何一個面試機會。因為是外商公司，又在遙遠的中東地區，很早很早就要開始做心理準備了，並且要真的培養自己去「獨立」。不管是從網路搜尋和捕捉卡達航空的訊息（即使他們的相關分享文不多），還是在打包行李、辦一些證件等等的，很多地方都要自己來，算是提前習慣「靠自己」的生活。

　　時時的練習，對自己有自信，養成有禮貌的態度，永保感恩的心，這是我認為能夠一步步走向成功的具備條件。如果航空業真的是你想要的，那就不要放棄吧！我不是大美女也只有161公分，英文在說的方面也沒有到非常流利，但是我也辦到了！大家要相信自己，還要互相鼓勵和努力練習，一定會等到飛向藍天的那天！加油！

八、女性參加航空公司面試時的正確以及錯誤示範對照圖片

(一)面試服裝

◆裙長正確（及／齊膝窄裙）

◆裙長錯誤（過短，未及／齊膝）

(二)面試髮型

◆髮型正確（整齊的盤髮）

◆髮型錯誤（即使都是盤髮，但凌亂不整齊且用過多小髮夾都不好看）

(三)面試儀態站姿

◆正確站姿（丁字步）

◆錯誤站姿（雙腳未併攏）

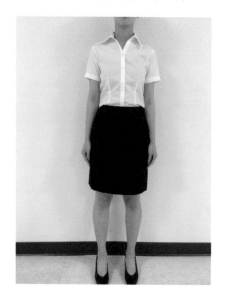

✈ 九、各家航空公司報考條件表

各航空公司空服員報考資格一覽表

航空公司	學歷	TOEIC門檻	身高／摸高	簽約年數	其他
中華航空空服員	大學以上	600分以上	不可踮腳 200公分	三年	必須兩年內多益成績。 所有文件不可補交。
華信航空空服員	大專以上	550分以上	不可踮腳 200公分	三年	所有文件不可補交。
長榮／立榮航空空服員	大專以上	550分以上	測量身高未註明	三年	目前只招女性空服員。多益成績可之後補交（但有期限規定）。
遠東航空	大專以上	500分以上	踮腳 208公分	五年	日文、韓文等外語者尤佳。
台灣虎航	高中職以上	450分以上	沒有限制	三年	日、韓語能力者尤佳。
全日空	大學以上	650分以上	踮腳 212公分		年滿21歲。通日文者尤佳。英文筆試。 目前只招女性且住在台灣。
日本航空	大專以上				裸眼視力0.1以上，經隱形眼鏡矯正後兩眼視力均達1.0以上。 通日文者尤佳。英文筆試。 目前只派飛台日航線並住在台灣。
樂桃航空	高中職以上	600分以上	沒有限制		需要日文程度（相當於日檢N1）。若無兩年內TOEIC 600分以上成績，將加考英文筆試。住在大阪。
新加坡航空	大學以上		踮腳 212公分	五年 做滿兩年不需賠錢	英文筆試。住在新加坡。
新加坡酷航	大專以上		女性： 158公分 男性： 165公分		18歲以上。具日韓文尤佳。住在新加坡。

航空公司	學歷	TOEIC門檻	身高／摸高	簽約年數	其他
泰國酷鳥航空	大學以上		160公分		年齡限制：無空服經驗27歲，有經驗35歲以下。住在泰國。需會游泳50公尺。不能戴牙套。英文筆試。需中英文流利。
阿聯酋／卡達航空	高中職以上		踮腳 212公分	做滿三年發獎勵金	英文筆試。年滿21歲。住在杜拜／多哈。
國泰航空空服員	高中以上		踮腳 208公分		英文筆試。住在香港。具第二外語能力者尤佳。
海南航空	大專以上	600分以上	踮腳 212公分	三年	年滿21歲。住在北京。身體外露部位無明顯疤痕、紋身。
春秋航空	大專以上	500分以上			全民英檢中級以上。日文、韓文流利者優先。任何一眼視力不低於0.1，矯正視力後達0.5（C字表）。住在上海。
吉祥航空	大學以上			三年	具日韓文尤佳。住在上海。

資料來源：Kora (2016)

國內外各航空公司機場地勤人員報考資格一覽表

航空公司	學歷	TOEIC門檻	身高／摸高	簽約年數	其他
中華航空機場運務員	大學以上	650分以上		兩年	必須兩年內多益成績。所有文件不可補交。
華信航空機場運務員	大專以上	600分以上			日文、韓文、越南語能力者尤佳。
長榮航空客運運務員	大專以上				不用繳交英檢證明，初試時有英文筆試。
遠東航空地勤人員	大專以上				具多益成績尤佳。
全日空服務人員	大學以上				需要日文、英文聽說讀寫精通、台語中等。
韓國大韓航空機場地勤	大學以上				英文聽說讀寫精通、韓文聽說讀寫略懂，語言能力佳優先錄取。
韓國釜山航空	大專以上	600分以上			具備機場經驗至少兩年以上，通韓文佳。
國泰航空機場職員	大學以上			一年	英文筆試。
亞洲航空地勤運務		700分以上			具航空相關經驗佳。

資料來源：Kora (2016)

國家圖書館出版品預行編目資料

航空空勤與機場運務實務 / 徐端儀, 王姍姍,
范令怡著. -- 初版. -- 新北市：揚智文化,
2017.05
面；　公分. -- (觀光旅運系列)

ISBN　978-986-298-256-3（平裝）

1.航空運輸管理 2.航空勤務員

557.93.　　　　　　　　　　　106004517

觀光旅運系列

航空空勤與機場運務實務

作　　　者／徐端儀、王姍姍、范令怡
出 版 者／揚智文化事業股份有限公司
發 行 人／葉忠賢
總 編 輯／閻富萍
特約執編／鄭美珠
地　　　址／新北市深坑區北深路三段 260 號 8 樓
電　　　話／(02)8662-6826
傳　　　真／(02)2664-7633
網　　　址／http://www.ycrc.com.tw
E-mail ／service@ycrc.com.tw
I S B N ／978-986-298-256-3
初版一刷／2017 年 5 月
定　　　價／新台幣 380 元

＊本書如有缺頁、破損、裝訂錯誤，請寄回更換＊